우리나라 역사 속 고양이 이야기

언제쯤 우리에게 고양이는 가장 친근하고 누구나 보호하고
아꼈던 그 시절의 동물로 돌아올 수 있을까요?

윤여태

우리나라 역사 속 고양이 이야기

언제쯤 우리에게 고양이는 가장 친근하고 누구나 보호하고 아꼈던 그 시절의 동물로 돌아올 수 있을까요?

contents

1. 세계의 고양이 그 여정의 시작. — 04
2. 우리나라 선사시대에도 고양이가? — 16
3. 고양이란 이름은 어떻게 만들어졌을까? — 23
4. 왜 우리는 고양이를 '나비'라고 부르는 걸까요? — 34
5. 고양이의 모습에 관한 관찰기록 — 41
6. 고양이는 왜 십이지신(十二支神)에 들지 못했을까? — 50
7. 고양이야 넌 어디에서 왔니? — 61
8. 우리나라에 집고양이는 언제 들어왔을까요? — 71
9. 불교의 나라 고려, 고양이의 극락이 되다. — 81
10. 고양이에 관한 몇 가지 전설 — 91
11. 우리나라 고양이 수난의 역사 (1) — 104
12. 우리나라 고양이 수난의 역사 (2) — 115
13. 고양이 귀신(猫鬼), 저주의 존재가 되다. — 128
14. 국가 제사의 대상으로서 고양이 — 137
15. 장수와 시험 합격의 상징으로서 고양이 — 145
16. 우리나라 최초의 퍼스트캣_숙종 임금과 금손이 이야기 — 155
17. 고양이를 사랑한 우리나라 역사 속 인물들 — 168
18. 시와 소설 속 고양이 — 200
19. 쥐 잡기 운동과 IMF 그리고 버려지는 고양이들 — 227
20. 무릎 아래 작은 이웃 길고양이 함께 살아요. 살고 있어요 — 239
    마치는 말을 대신하며

우리나라 역사 속 고양이 이야기

세계의 고양이 그 여정의 시작

고양이를 좋아하고 관심이 많으신 분이라면 종종 이집트 무덤에서 고양이 미라가 발견되었다는 소식을 들어보았을 겁니다. 비교적 최근인 2018년 11월에도 카이로 남부 사카라 유적지에서 이집트 제5왕조 시대(B.C 2,498~2,345)에 지어진 것으로 추정되는 무덤 7개가 발굴됐는데 그 중 3개가 고양이들을 위한 무덤으로 미라 수십 점을 비롯해 도금된 목재 고양이 조각상 100점, 고대 이집트의 고양이 여신인 '바스테트(Bastet)'에게 바쳐진 고양이 모양의 청동상 한 점도 발견되었다고 합니다.[1]

---

[1] 한국일보, 2018.11.12. 「이집트 고대무덤서 고양이 미라 다수 발굴」

세계의 고양이 그 여정의 시작

무려 지금으로부터 약 4천 5백 년 전에
이렇게 고양이가 사랑을 받았다니 놀랍지 않나요?

그런데 고양이가 인간을 찾아온 건 그보다 훨씬 더 오래전이었습니다. 현재까지의 연구에 따르면 고양이의 직계 조상은 약 4천만 년 전부터 200만년 정도까지 살았던 '프로아일루루스(Proailurus)'라는 포유류였다고 합니다. 이 동물의 생김새는 지금의 고양이, 삵, 구름표범과 비슷하고 크기는 족제비 정도라고 전해지는데 다리의 길이는 40cm정도로 외관상은 고양이와 유사하지만 지금의 고양이보다는 아래턱에 이빨이 더 많이 나 있었다고 하지요.

이후 '프로아일루루스'는 기원전 1만 년 전까지 진화에 진화를 거듭해 오늘날의 고양이와 비슷한 생김새를 갖추었다고 합니다.

[사진1] 고양이의 직계 조상으로 알려진 프로아일루루스(proailurus) 출처-Smithsonian Museum

그렇다면 야생에서 살아가던 고양이가 언제, 어디에서 인간을 찾아왔을까요? 정답부터 말하자면 아직은 모른다는 겁니다. 다만, 2017년 국제학술지 「네이처 생태학과 진화」에 발표된 고양이에 관한 연구는 우리에게 흥미로운 이야기를 들려주고 있습니다.

프랑스 국립과학연구소(CNRS)의 에바-마리아 가이글 박사 연구진은 이집트의 미라 무덤과 고대 바이킹족의 무덤에서 20세기 아프리카 앙골라까지 9000년에 걸쳐 살았던 고양이 230마리의 유골 DNA를 분석했는데 그 결과 중동 인근에서 인류가 약 1만 년 전 처음으로 고양이를 길들인 후 두 차례에 걸쳐 중동과 이집트에서 유럽으로 고양이들이 대거 이주했다는 결론을 얻게 되었다고 합니다.

이를 토대로 우리 잠시 상상력을 발휘해 볼까요?

약 1만 년 전 중동의 '비옥한 초승달의 땅'에 유랑하던 인류가 모여들었습니다. 그들은 곧 마을을 이루고 세계에서 가장 먼저 농사를 짓고 밀과 보리 등을 재배하기 시작했지요. 그런데 얼마지 않아 그 곡물을 노리는 침입자가 등장합니다. 그 침략자는 바로 쥐를 비롯한 설치류. 그들은 애써 인간이 저장해놓은 곡식들을 마음껏 유린하며 만찬을 즐겼습니다. 바로 그 절체절명의 위기 속에 무시무시한 침략자들에 맞설 인간들의 구세주가 등장합니다. 그들은 다름 아닌 그 지역의 '들고양이' 5마리였습니다. 그들은 단숨에 설치류를 제압함으로써 인간의 골칫덩이를 해결해주었습니다. 그야말로 운명적인 만남이었지요. 이 만남으로 그들은 배부름을 보장받을 수 있었고 인간은 식량을 든든하게 지켜줄 훌륭한 경비병을 만나게 된 것이니까요.[2]

여기서 흥미로운 점은 고양이가 스스로 숲속을 나와 사람들이 모

---

[2] 조선일보. 2017.06.22. 「고양이, 인류 동반자 되기까지 두 번에 걸친 大이주 있었다.」

여 사는 마을로 들어왔다는 사실입니다.[3]

이때 연구진은 혈통 추적을 위한 조사도 함께 진행했는데 불가리아와 동아프리카에 서식하는 현대 삵(살쾡이) 28마리의 DNA를 비교 분석해 보았다고 합니다. 그 결과 그 시절의 들고양이가 바로 삵으로부터 진화되었다는 사실과 그 들고양이가 다시 길들여져 집고양이로 변모했다는 것을 밝혀냈습니다.[4]

우리의 역사 속에 등장한 인류 최초의 집고양이 흔적은 지중해에 있는 키프로스(Cyprus)의 남동쪽 해안 '실로우코람보스(Shillourokambos)'라는 마을에서 발견되었습니다.

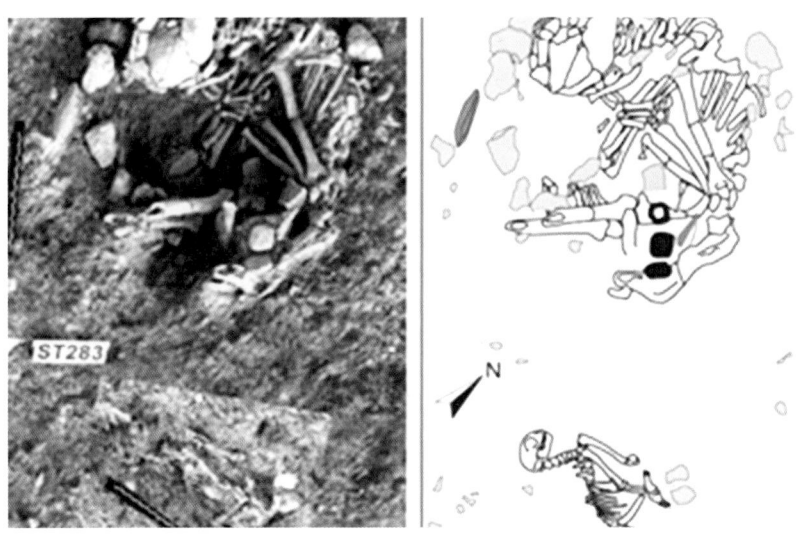

[사진 2] 키프로스 섬 고양이 관련 유적, 출처-CYPRUS BEAT

---

[3] Nicholas Wade. New York Times, 2007.6.29. 「Study Traces Cat's Ancestry to Middle East」
[4] 동아 비즈 N 2017.06.21. 「"살쾡이가 사람 선택해 고양이 됐다." DNA 연구」

2001년 장-드니 빈 박사(프랑스 국립과학연구소)가 이끄는 연구진은 고대 가옥의 지하에서 인간과 고양이의 공동무덤을 발굴하였는데 이때 약 9500년 전의 것으로 추정되는 고양이의 뼈는 무늬가 새겨진 조개로 둘러싸여 있었다고 하지요.

이와 같은 정황을 두고 연구진은 "이는 고양이가 그 마을에서 특별한 지위에 있었음을 시사하며 마을 전체의 생존에 중요한 영물로 여겨졌을 것"이라고 밝혔습니다.

한편 2013년 중국 섬서성(陝西省) 천호촌(泉護村)에서는 약 5300년 전에 묻힌 것으로 추정되는 8개의 고양이 뼈가 발견되었습니다. 이 고양이 유물을 정밀하게 분석한 결과 고양이가 설치류를 잡아먹었다는 사실 이외에도 다량의 곡식이 포함된 다양한 음식을 먹었다는 흔적을 발견하게 되었습니다.

연구에 참여한 워싱턴대의 피오나 마샬 교수는 이를 두고 "고양이가 인간의 음식을 먹었다는 것을 뜻한다."고 말했습니다. 그런데 유전자 감식 결과 이 고양이는 삵으로 밝혀졌습니다.
이를 통해 그동안 가설로만 추정되었던 삵의 가축화 과정이 마침내 증명된 것이지요.[5]

그러나 역시 본격적인 고양이와의 공존이 이루어진 나라는 기원전 6천 년 경의 이집트입니다. '비옥한 초승달의 땅'과 마찬가지로 곡창지대였던 나일강 유역의 사람들 또한 고양이가 많은 곳에는 곡물들이

---

[5] 곽노필, 미래의 창, 2013.12.22 「고양이는 언제부터 인간의 친구가 됐을까」

쥐로부터 안전하다는 걸 깨달았고, 먹이를 주어 야생으로 돌아가지 않도록 유도하였지요.

 2008년 벨기에 왕립 자연과학연구소의 동물고고학자인 윔 반 니어(Wim Ban Neer) 박사는 나일강 서쪽 둑방에 조성된 고대 묘지 터에서 4구의 새끼 고양이 유골을 포함한 6구의 암·수컷 고양이 유골을 발견하였는데 이를 분석한 결과 기원전 6천 년 전에 매장된 유골임을 확인했지요. 즉 이미 오래 전 이집트인들이 고양이를 반려동물로 키웠다는 사실을 알 수 있습니다.[6]

 그리고 한때 이집트 왕조의 수도였던 멤피스 유적에서도 6천년이 넘은 고양이 미라 수십 점, 나무로 만든 조각상 100여점, 그리고 고양이 여신인 바스테트에 헌정된 청동상 한 점 등을 발굴되었습니다.
 특히 고양이 미라는 유세르카프 왕의 피라미드 안에 묻혀 있던 7기의 석관 가운데 세 군데에서 발견되었는데 이는 이른 시기 고양이가 왕실 차원에서 매우 귀중하게 여겨졌음을 나타난 것이기에 더욱 의미가 있습니다.[7]

---

(6) The Science Times 2017.06.20. 「고양이를 사랑했던 이집트인들」
(7) 중앙일보, 2018.11.12. 「이집트에서 6천 년 전 고양이 미라 발굴…고양이묘 부장품 쏟아져」

[사진 3] 고대 이집트 고양이 미라, 출처-루브루 박물관

　뿐만 아니라 2007년 벨기에 루뱅 가톨릭대 연구진은 기원전 3700년 전 이집트 무덤에서 질그릇 조각들과 함께 고양이 유골을 발굴한 적이 있는데 뼈에는 다리가 부러졌다가 나은 흔적이 있었다고 합니다. 이는 야생이라면 죽었을 만한 상처로 연구진은 사람들이 고양이의 다리가 나을 때까지 보살피다가 종교의식에서 희생된 것으로 추정되고 있습니다.[8]

　또한, 이집트 카이로시 남쪽 250km 지점에 위치한 곳에서 기원전 1950년 즈음으로 여겨지는 석회석 무덤벽화에 고양이가 등장합니다. 긴 앞 다리에 꼿꼿이 솟은 꼬리, 그리고 삼각형 모양의 머리가 다가오고 있는 들쥐를 노려보고 있는 고양이는 길들여진 고양이 그림이자 고대 이집트 회화 중 고양이를 취급한 최초의 작품이라고 전해지고 있습니다.[9]

---

[8] 조선일보, 2015.07.25.「우린 영원히... 사랑할 수 없나요」
[9] The Science Times 2017.06.20.「고양이를 사랑했던 이집트인들」

세계의 고양이 그 여정의 시작

이렇듯 이집트에서 고양이와 인간이 함께한 공존의 기록은 당대에 형성된 이집트의 무덤 유적과 후대의 여러 벽화에서도 확인해 볼 수 있지요.

[사진 4] 이집트 네바문 무덤 벽화, '늪지의 새사냥' 출처-British Museum

현재 고양이의 울음소리인 'meow'도 이집트에서 고양이를 뜻하는 'miu' 또는 'miut'에서 비롯되었다고 하며 Cat 역시 동물을 의미하는 아프리카 언어인 '콰타(Quatta)'에서 비롯되었다는 설과 고양이의 화신이자 다산과 풍요의 이집트의 신 바스트(Bast)가 들고 있던 성물인 우자트(Udjat)에서 비롯되었다 설이 유력하게 이야기되고 있습니다.

그 시절 이집트에서는 신의 아들인 파라오를 제외한 누구라도 고양이를 죽이면 사형당했고, 고양이를 기르는 가정은 세금 감면 혜택까지 받았다는 것은 이미 널리 알려진 사실이지요.

11

[사진 5] 고대 이집트 고양이 석상.
출처-대영박물관

이렇듯 반려용으로 변한 이 고양이들은 기원전 1000년 무렵 또 한 번의 대 이주를 감행합니다. 물론 이번 여정은 인간과 함께였습니다. 그들은 지중해의 해상 무역로를 따라 배에서 로프와 음식을 갉아 먹는 쥐를 퇴치하는 역할을 했으며 터키와 유럽으로 퍼져나갔습니다. 그리고 현지에 정착해 있던 집고양이, 들고양이들과의 교배를 통해 진화에 진화를 거듭한 것으로 추정되고 있습니다. 그렇게 정착과 이동을 반복하고 변화와 변신을 거듭한 끝에 마침내 14세기에 이르러 오늘날 고양이의 주요 특징인 얼룩 무늬가 역사의 무대에 등장하게 되었다고 합니다.[10]

---

[10] 조선일보. 2017.06.22. 「고양이, 인류 동반자 되기까지 두 번에 걸친 大이주 있었다」

그리스와 로마로
전파된 고양이

고양이를 신성한 동물로 여겼던 고대 이집트는 고양이의 해외 유출을 엄격히 금지했지만 지중해무역을 장악하고 있던 페니키아인들의 밀수를 통해 각지로 퍼져나갔습니다.

이집트의 고양이가 그리스로 전파된 시키는 대략 기원전 5~6세기로 추정되고 있습니다. 약 기원전 510년경의 작품으로 여겨지는 아테네의 케라미에코스(Kerameikos)에서 발굴된 석관 부조에서 개와 만나는 고양이가 묘사되어 있지요.

[사진 6] 기원전 510년경 추정, 개와 고양이의 만남을 묘사하고 있는 아테네의 케라미에코스(Kerameikos)의 석관 부조

로마의 경우 폼페이 유적에서 고양이가 그려진 모자이크 등이 발견되긴 하지만 이는 고양이 존재를 알고 있었던 그리스 장인들에 의한 묘사일 것으로 추정됩니다. 때문에, 기원후 1세기경이 되어서야 고양이가 생활 속으로 파고든 것으로 보이는데 보르도(Bordeaux)에서 발견된 어느 묘비 속에서 소녀가 두 팔로 고양이를 안고 있는 모습이 새겨져 있지요.

[사진 7] 기원전 2세기 후반 추정 폼페이, 고양이 모습 모자이크

고양이는 로마의 왕성한 정복 활동과 함께 세계 각지로 퍼져갔습니다. 식량을 보존하기 위해 고양이를 데리고 다녔던 로마군 중에는 고양이 머리를 문장으로 사용하던 군단도 있었다고 합니다.

1969년 영국의 항구도시 글로로스터 시에서 발견된 로마군이 사용하던 것으로 보이는 흙 타일 위에 새겨진 고양이발자국은 로마군이 고양이와 함께 했음을 보여주는 대표적인 유물이라고 할 수 있습니다.

그리스와 로마로 전파된 고양이

[사진 8] 흙 타일에 새겨진 고양이 발자국 출처-영국 글로스터 시립 박물관

우리나라 역사 속 고양이 이야기

우리나라 선사시대에도 고양이가?

지금까지 세계의 고양이에 대한 여정을 간략히 알아보았으니 이제부터는 우리나라 고양이 이야기를 시작해 보겠습니다.

그 첫 번째 질문.
우리나라에 고양이는
언제 찾아왔을까요?

안타깝게도 이 물음에 대한 답 역시 세계사적으로도 그러했듯 정확히 밝혀진 바는 없습니다. 사실 지금까지는 3~4세기경이 되어서야 고양이가 우리나라에 찾아왔을 것이라고 추정해 왔습니다. 하지만 고고학적 유물들은 고양이가 꽤 오래전에 우리 곁에 찾아왔음을 보여주고 있습니다.

우리나라 선사시대에도 고양이가?

그 최초의 흔적은 신석기시대 유적에서 찾아볼 수 있습니다.
혹시 학교에서 의주 미송리 유적이라고 들어본 적이 있나요?

선사시대에 대표적인 유적지로 각종 토기, 석기, 그물추, 곡옥, 뼈송곳 등 신석기와 청동기에 걸친 다양한 유물들이 폭넓게 발견되었는데 신석기 유물 같은 경우에는 기원전 6천 년 경의 것으로 추정되고 있지요. 미송리 유적은 지형적으로 요동과 한반도를 잇는 주요한 거점이기 때문에 매우 중요하게 다루어지고 있습니다.

[사진 9] 신석기 대표적인 유적지-의주 미송리

바로 그 유적지에서 멧돼지, 고라니, 개, 토끼, 표범 등 다수의 동물 뼈들이 발견되었는데 놀랍게도 고양잇과(果) 고양이 속(屬)에 속하는 동물 뼈도 함께 출토되었지요.[11]

---

[11] 김신규,「문화유산」,「미송리 동굴의 동물유골에 대하여」,1961

우리나라 역사 속 고양이 이야기

한국의 신석기시대는 일반적으로 기원전 8000년부터 기원전 1500년까지의 시기를 말합니다. 이시기의 특징이라고 하면 본격적으로 농사가 시작되었고, 이를 저장하였다는 것이라고 말할 수 있지요. 그렇다면 앞서도 살펴보았듯이 당연하게 설치류가 모여들었을 것이고 적어도 고양잇과에 해당하는 동물들과의 공존이 이루어졌을 것이라고 추측해 볼 수 있습니다. 다만 아쉬운 건 이곳에서 발견된 것이 발가락 뼈 2점에 불과해 이러한 관계를 규명하기에는 부족함이 있다는 사실입니다. 이외에도 김해 동상동, 서포항 신석기 유적 등 몇몇 신석기 유적지에서 고양잇과 고양이속에 해당하는 동물 뼈가 발견되기도 하였습니다.[12]

현재 분류학적으로 고양잇과 고양이 속에 해당하는 동물은 중국과 인도 아대륙, 중동 그리고 동남아시아에서 발견되는 중형 크기의 고양이인 '정글고양이'와 아프리카 남부 지역의 남서부 건조 지역에서 서식하고 있는 '검은발 고양이' 그리고 북아프리카, 서남아시아, 중앙아시아 등 완전한 사막 지대에서 지내는 '모래고양이'와 현재 전 세계 모든 집고양이의 직계 조상으로 유럽, 아시아 서부, 아프리카에 서식하고 있는 '들고양이'와 '집고양이'가 있습니다.

이와 같은 점을 고려해 보면 한반도와 만주 일대 발견된 이 고양이들이 현재 한반도에서 살아가고 있는 고양이들의 조상인 '들고양이'라고 확언할 순 없겠지만 그럼에도 고양잇과 고양이속에 해당하는 동물이 살고 있었음은 매우 흥미로운 점입니다.

---

[12] 우리역사넷. 『신편 한국사』 「신석기문화-신석기시대의 자연환경」

이와 관련하여 면밀하게 살펴보아야 할 부분이 고양잇과 삵속에 해당하는 동물 뼈의 발견입니다.

삵은 흔히 살쾡이라고도 하는데 덩치가 조금 더 크고 꼬리가 두꺼우며, 머리에 일자 형태의 줄무늬가 존재한다는 점 그리고 무늬가 점처럼 형성되었다는 점을 제외하고 거의 고양이와 비슷한 특징을 지니고 있습니다. 그리고 무엇보다 앞서 세계 편에서 알아보았듯 삵이 들고양이가 되었고 이어 집고양이가 되었다는 점에서 삵에 대해 알아보는 건 곧 고양이의 역사와도 밀접한 연관을 맺고 있습니다.

우리나라의 경우 '서포항 신석기유적' '청진 농포동 유적' '김해 수가리 유적' '영월 연당 피난굴(쌍굴) 유적' '안면도 고남리 유적' 등 많은 유적들에서 삵의 뼈가 발견되었지요.[13]

기원전 5천년 경 고양잇과의 생물분포에 관한 장-데니스 비뉴 프랑스 소르본 대학 고생물학자와 학자들의 연구에 따르면 인도를 중심으로 서쪽(중앙아시아, 유럽, 아프리카 일대)에는 세계 집고양이의 원종인 아프리카-서남아시아 야생 들고양이가 분포해 있었으며 그에 대응하는 동물로 동쪽(동남아시아, 중국, 한반도 일대)에는 삵이 분포하고 있었다고 합니다.[14]

지금까지 우리나라에서는 신석기 시기 유적에서 '삵'의 발견이 털과 가죽을 얻기 위한 것으로 파악하였지만 이 시기 이미 개와 돼지를 기르기 시작했다는 점을 미루어 보았을 때, 많은 집자리 유적에서 삵이 발견되었다는 것은 곧 한국에서도 중국의 천남촌의 경우처럼 삵의

---

[13] 이충민, 「우리나라 신석기시대 포유동물상 연구」, 연세대학교대학원 (2011) 참고
[14] 조홍섭, 물바람숲 2016.01.28. 「중국 5천 년 전 한때 삵을 길렀다.」

집고양이화가 진행되었을 가능성도 진지하게 생각해 볼 수 있을 것입니다. 시간이 흐른 후이긴 하지만 1998년과 2000년에 걸쳐 진행된 신라의 왕궁인 월성 남동쪽 2개의 우물 발굴에서 바로 그 증거가 발견되었습니다.

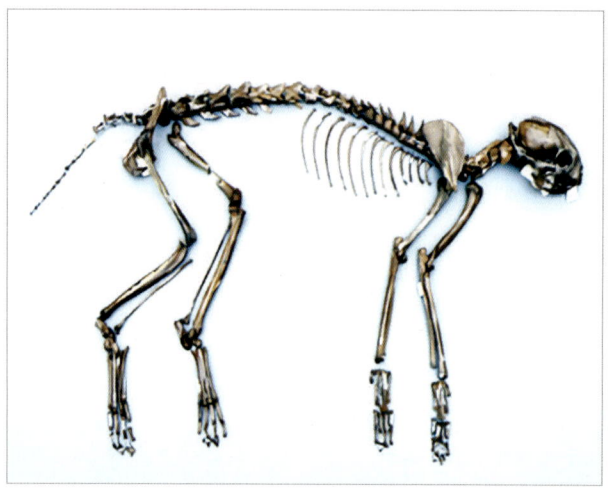

[사진 10] 9세기경 신라 왕궁 유물에서 발견된 고양이 뼈 출처-국립중앙박물관

9세기경으로 추정되는 이 유적에서는 제의를 위해 제물로 바쳐졌을 것으로 여겨지는 동물의 뼈가 다수 발견되었는데 그 중엔 고양이 뼈로 알려진 것도 발견되었지요. 그런데 최근 이를 면밀하게 분석할 결과 이 동물이 벵골 살쾡이인 야생 고양이로 밝혀진 것입니다.[15] 즉 이를 통해 우리는 신석기시대부터 오랜 세월에 걸쳐 삶의 집고양이화가 진행되어왔음을 미루어 짐작해 볼 수 있는 것이지요.

---

[15] 국민일보, 2011.06.12. 「1200년 전 통일신라 우물의 비밀」

삵과 고양이

'삵'의 존재와 이름은 '고양이'와 밀접한 관련을 맺고 있습니다. 일단 '삵'이란 이름의 유래에 대해 알아볼까요.

'삵'이란 단어의 직접적인 연원은 조선 시대 응급처치를 위해 편찬된 의서(醫書)로 세조(世祖) 임금 때인 1466년 간행된 『구급방언해(救急方諺解)』로부터 유래합니다.

> '버믜 쎼나 시혹 ᄉᆞᆰ 쎼나 디허 ᄀᆞ느리 처 혼 돈을 므레 프러 머그라.'
> 해석 : 범의 뼈나 혹은 삵의 뼈를 찧어 가늘게 쳐서 한 돈을 물에 풀어 먹으라.

이때 표기된 'ᄉᆞᆰ'이 곧 '삵'이 되었고, 이후 20세기 초 '삵'이란 단어에 고양이를 뜻하는 '괭이'가 더해져 '살쾡이'가 되었다는 것입니다.[16] 그런데 정작 이 'ᄉᆞᆰ'이라는 단어가 어디에서 파생되었는지에 대해서는 명확하게 규명된 것은 아직 없습니다. 다만 이에 관해 크게 두 가지의 학설이 이야기되고 있지요. 그 중 하나는 '두루미'나 '개구리'처럼 그 울음소리에서 비롯되었다는 설입니다. 즉 삵이 위협을 받을때 내는 소리에서 유래했다는 설인데 고양이를 좋아하는 사람은 이것이 무엇을 의미하는지 금방 눈치 챘을 것이라고 생각됩니다. 예. 맞습니다. 우리가 흔히 말하는 '하악질'입니다. 삵 역시 고양이와 비슷한 성질을 지녔기 때문에 '하악질'에서 'ᄉᆞᆰ'이란 단어가 탄생했다는 건 쉽게 생각해 볼 수 있지요.[17]

---

[16] 홍윤표.『새국어소식』「살쾡이와 고양이의 어원」통권 제87호(2005)
[17] 서울신문, 2014.06.19.「녀석들 이름 어떻게 지었나?」

[사진 11] 삵, 출처 – pixabay

또 하나의 설은 삵을 지칭하던 말인 산묘(山猫)에서 비롯되었다는 것입니다. 이규경(李圭景:1788~?)이 지은 『오주연문장전산고(五洲衍文長箋散稿)』「묘변증설(貓辨證說)」을 보면 "우리나라에는 산고양이가 있는데 털이 얼룩덜룩 하니 휘장에 침구로 만들며 매우 따뜻하다." 라고 했는데 이때 산묘(山猫)는 즉 삵을 일컫는 말입니다. 뿐만 아니라 일본에서는 삵을 '야마네코(山猫:ヤマネコ)' 라고 하는데 이는 곧 '산고양이'라는 뜻입니다. 중국에서도 역시 산묘(山猫)는 삵을 의미하는 단어입니다.

이를 통해 산묘(山猫) = 삵은 동아시아전반에 걸친 하나의 공통된 인식이었음을 알 수 있습니다. 그런데 고양이를 부르던 옛말이 바로 '괴'입니다. 그렇다면 산묘는 곧 '산괴'라 말할 수 있겠지요. '삵'이란 단어는 바로 이 '산괴'가 변화과정을 거쳐 된 글자라는 것입니다

고양이란 이름은 어떻게 만들어졌을까?

고양이란 이름은 어떻게 만들어 졌을까?

고양이.
이 글을 읽고 있는 당신은
이 단어만 보아도 가슴이
두근거리고 마음이
행복감으로 물들고 입가엔
절로 미소가 지어지겠지요.

누군가 그러더군요. 고양이를 알게 된 이번 생은 망한 거라고. 우스갯소리이겠지만 사실이기도 할 겁니다. 말 그대로 고양이의, 고양이에 의한, 고양이를 위한 삶을 살고 있을 테니까요.

언제 어디서나 우리를 웃음 짓게 하고 기쁨으로 가득 차게 만드는 그 이름 '고양이'는 과연 어떻게 만들어졌을까요?

우선 그 어원을 우리는 『고려사(高麗史)』라는 역사책에서 찾아볼 수 있습니다.

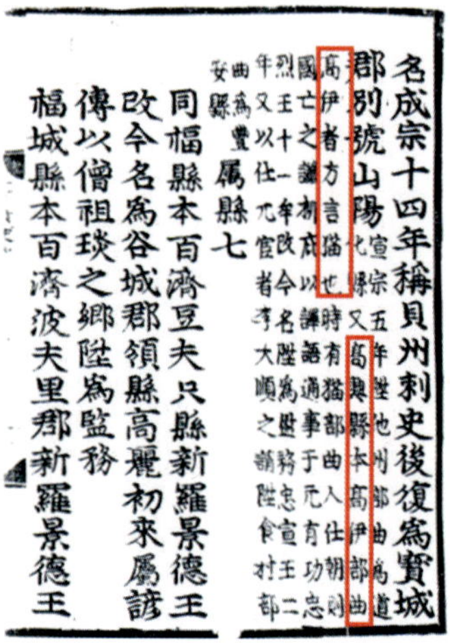
名成宗十四年稱貝州刺史後復爲寶城
郡別號山陽 宣宗五年陞他州部曲爲道化縣又高興縣本高伊部曲
高伊者方言猫也時有猫部曲入仕朝則 國亡之譏初底以譯語通事于元有功忠
烈王十一年改今名陞爲監務忠宣王二 年又以仕元官者李大順之鄕陞食村部
曲爲豊安縣
屬縣七
同福縣本百濟豆夫只縣新羅景德王
改今名爲谷城郡領縣高麗初來屬讓
傳以僧祖珓之鄕陞爲監務
福城縣本百濟波夫里郡新羅景德王

고흥현(高興縣)은 본래 고이부곡(高伊部曲)이다. '고이'란 방언으로 고양이(猫)이다.

-『고려사(高麗史)』 권 27 지리-

[사진 12] 『고려사』 권27 지리

지금까지는 『고려사』에 기초해 고양이의 어원을 바로 이 '고이'에서 찾아왔습니다. 그런데 중국 북송(北宋)시대 손목(孫穆)이란 사람이 쓴 『계림유사(鷄林類事)』에서 우리는 고양이의 또 다른 이름을 발견할 수 있습니다. 손목은 고려 숙종 8년(1103)에 사신으로 고려에 와서 당시 고려의 제도, 풍속 등과 함께 고려 언어 중 360여 어휘를 채록하여 이를 분류, 편찬하여 『계림유사』를 저술하였는데 이 책에서는 고려사람들이 고양이를 가리켜 '귀니(鬼尼)'라고 불렀다는 기록이 남아있지요.

『고려사』에서 '고이'가 고양이의 방언이었다는 기록을 상기해 볼 때 '귀니'라는 단어는 개경에서 사용하는 이른바 표준어였던 것으로 추정됩니다.

고양이란 이름은 어떻게 만들어졌을까?

그렇다면 '귀니'의 원형은 어디에서 유래된 것일까요?

조선 영·정조 때 문인인 황윤석(黃胤錫:1729~1791)의 『이재유고(頤齋遺藁)』「화음방언자의해 (華音方言字義解)」를 보면 "(고양이는) 또한 '몽귀'라 하는데 원나라 시기 피휘를 위해 '몽'자를 제거해 귀라 부르게 되었고 이 귀가 괴가 되었다. 고로 『고려사』에 고이라 부른다 한 것이다."[18]라 하였습니다.

'피휘(避諱)'란 문장에서 임금이나 높은 이의 이름자가 나타나는 경우 삼가는 뜻을 표하기 위해 뜻이 통하는 다른 글자를 사용하거나 획의 일부를 생략하는 것을 말합니다. 그러니까 몽고(蒙古)로부터 시작된 원나라는 몽(蒙)자를 피휘하였고, 이로써 몽귀는 그냥 '귀'가 된 것이라는 것이죠.

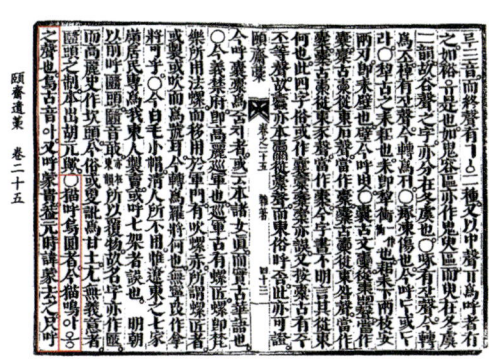

[사진 13] 황윤석, 『이재유고』 고양이

일찍이 당나라의 시인 단성식(段成式: ?~863)이 지은 『유양잡조

---

[18] 황윤석, 『이재유고(頤齋遺藁)』 권25 又呼蒙貴, 蓋元時諱蒙去之, 只呼貴, 貴又轉괴, 故高麗史呼 高伊

(酉陽雜俎)』에는 "고양이는 일명 몽귀(蒙貴) 일명 오원(烏圓)이라 한다."고 하였습니다.

그럼 '몽귀'라는 이름은 어디에서 유래했을까요?
　명나라의 이시진(李時珍:1518~1593)이 지은 『본초강목(本草綱目)』에서는 "몽송(蒙頌)은 일명 몽귀라 한다. 다만 원숭이보다 그 크기가 작다. 자흑색이고 교지(交址:오늘날의 베트남)에서 나왔으며, 쥐를 잡기 위해 길렀으며 묘리(貓狸)보다 뛰어나다."[19]라고 하였는데 이 몽송에 관해서는 한나라의 유희가 지은 『이아(爾雅)』「석수(釋獸)」편에 "몽송은 원숭이 형상을 하고 있다(蒙頌, 猱狀)"라고 기록하고 있습니다. 참고로 진(晉)나라의 곽박과 송나라 형병(邢昺)의 소로 이루어진 『이아주소(爾雅注疏)』에는 몽송은 원숭이의 무리라고 규정하고 있지요.
　몽송이 실제 원숭이의 한 종류였는지 아니면 베트남 일대의 서식하고 있는 고양이속 중 가장 큰 정글고양이인지는 알 수 없으나 몽귀라는 말이 이 몽송으로부터 유래했음을 확인해 볼 수 있습니다.

그렇다면 '오원'은 어떤 의미일까요?
　'오원'은 검다는 뜻의 '烏'와 '둥글다.'란 뜻의 '圓'의 결합으로 단성식은 같은 책에서 "지동(支動)〉에 '고양이의 눈동자는 저녁엔 둥글다가 다음 날 오후가 되면 실처럼 가늘어진다."라고 하였는데 이를 통해 유추해 보면 저녁때 둥글고 검어지는 고양이의 눈동자에서 유래된 별칭으로 보여집니다. 유득공(柳得恭:1748~1807)의 아들인 유본학(柳本學:1770~?)이 고양이를 주인공으로 쓴 가전체 소설인 「오원전

---

[19] 『本草綱目』「獸四」"蒙頌一名蒙貴, 乃蜼之又小者也. 紫黑色, 出交趾, 畜以捕鼠勝於."

(烏圓傳)」에서는 그 첫 문장이 "오원의 자(字)는 오직(午直)으로 노나라 사람이다."라고 시작합니다. 여기서 '오직'은 낮에 가늘어지는 고양이 눈동자를 표현한 말로 이는 고양이의 또 다른 별칭인 것이지요. 이에 반해 황윤석은 『이재유고』에서는 "오원은 고양이의 울음소리 '아옹'에서 생겨난 것"이라고 하였습니다.[20]

그런데 몽고의 영향 아래 있던 13세기에 이르러서야 '몽귀'가 '귀(니)' '괴' '고이'로 되었다는 황윤석의 기록과는 달리 손목의 『계림유사』에 따르면 12세기에 이미 우리나라는 '몽'이 탈락한 '귀니'를 고양이를 지칭하는 이름으로 부르고 있었습니다. 나아가 그보다 훨씬 이전인 9세기 무렵에 그러한 정황을 보이는 단서가 일본 승려 엔닌(圓仁)의 일기 속에 남아있습니다.

당 대중원년(大中元年:847년) 9월 4일
날이 밝을 무렵에 이르러 동쪽으로 산들이 있는 섬이 보였다. 높거나 낮거나 하며 이어져 있었다. 뱃사공 등에 물었더니 이르기를 "신라국의 서쪽 웅주(熊州)의 서쪽 땅인데, 본래는 백제국(百濟國)의 땅이다."라 하였다. 하루 종일 동남쪽을 향해 갔다. 동쪽과 서쪽에는 산으로 된 섬이 연이어져 끊이지 않았다. 밤 10시가 가까워질 무렵 고이도(高移島)에 이르러 정박하였다. 무주(武州)의 서남 지역에 속한다. 섬의 서북쪽 100리 정도 떨어진 곳에 흑산(黑山)이 있다. 산의 모양은 동서로 길게 뻗어 있다. 듣기로는 백제의 셋째 왕자가 도망해 들어와 피난한 땅인데, 지금은 300, 400가구가 산속에서 살고 있다고 한다.

---

[20] 황윤석, 『이재유고』권25 "猫呼烏圓者, 今猫鳴아옹之聲也

우리나라 역사 속 고양이 이야기

　『입당구법순례행기』는 불법을 얻기 위해 당나라를 순례하였던 일본 승려 엔닌(圓仁)이 귀국하여 838년 6월 13일부터 847년 12월 14일까지 9년 6개월간의 경험을 기록한 일기입니다. 특히 엔닌의 당나라 입국과 체류가 장보고를 비롯한 재당신라인들의 도움에 절대적이었기 때문에 당으로 가면서 신라의 서남해안 섬들에 대한 언급 등도 꽤나 자세히 기록하고 있지요.

　위 일기의 내용은 847년 일본으로 귀국하던 중 9월 4일에 '고이도'에 정박한 내용을 담고 있습니다. '고이도'는 현재 전남 신안군 압해면에 위치한 고이도(高耳島)입니다. 이곳은 삼국시대부터 존재한 곳으로 『삼국사기』 효공왕(孝恭王) 13년(906년) "궁예(弓裔)가 왕건에게 명하여 병사와 선박을 이끌고 진도군(珍島郡)을 함락시키고, 또 고이도성(皐夷島城)을 깨뜨렸다."는 기록에도 등장하는 곳이지요.

　그런데 전라남도가 발행한 『전남의 섬』에 따르면 '고이'라는 이름은 섬의 모양이 고양이처럼 생겼다고 하여 붙여진 것이라고 합니다. 즉 '고이'는 적어도 신라시대부터 존재하는 고양이를 부르던 이름이었음을 추정해 볼 수 있는 것이지요.

　'고이'의 기원이 된 '몽귀'라는 호칭이 신라와 밀접한 관계를 맺고 있던 당나라 시대의 기록임을 상기해 볼 때 보다 이른 시기에 이와 같은 이름이 형성되었을 것으로 보여집니다.
　앞서 우리는 '몽귀'로서 파생된 '귀니'가 표준어로 '고이' 등이 방언으로 활용되다가 '귀'계보다 '괴'나 '고이'계가 주요 호칭으로 살아남아 고양이의 직접적인 어원으로 자리 잡은 과정을 알아보았습니다.

고양이란 이름은 어떻게 만들어졌을까?

'고이'가 방언임에도 더 일반화된 언어로 자리 잡은 이유에 대해서는 분명하게 알 수는 없지만 조선 후기 유명한 실학자인 이익(李瀷:1681~1764)이 쓴 『성호사설(星湖僿說)』의 아래 기록에서 그 정황을 찾아볼 수 있습니다.

새 새끼와 병아리를 고(鷇)라고 하는데 고의 음은 고(顧)이다....(중략)...오늘날 풍속에 병아리를 '구구'라고 부르는데 구는 곧 병아리의 이름이다....(중략)...또 『고려사(高麗史)』를 상고하니 "미후도(獼猴桃)를 달애(怛艾)라 하고 고양이(猫)를 고이(高伊)라 하며, 잠수장(桦樹杖)을 수청목(水靑木)이라 한다."하였으며...(하략)...

—이익(李瀷:1681~1764)『성호사설』「조선방음(朝鮮方音)」—

이 기록을 보면 '새의 새끼'나 '병아리'를 가리켜 '고(鷇, 顧)'라고 지칭했음을 알 수 있습니다. 그런데 '고'는 비단 새나 병아리를 지칭하는 말만은 아니었습니다. 이는 '크기가 작거나 앙증맞은 것'을 통칭하는 옛말로 오늘날에도 '꼬맹이(고맹이)' '꼬막(고막)' 등에서 그 흔적을 찾아볼 수 있지요.[21]

그런데 옛 성현들의 시집을 살펴보면 종종 고양이를 '소리(小狸)' 즉 '작은 삵'이라고 하였던 기록들을 찾아볼 수 있습니다. 그 대표적인 예가 바로 조선 후기의 학자이자 문신으로 애묘가였던 박세당(朴世堂:1629~1703)의 『서계집(西溪集)』에 나오는 '소리가(小狸歌)'라는 시입니다.

---

[21] 주간동아. 2014.12.15. 「입에 착착 제철 참꼬막 말이 필요 없소」

이를 앞선 이야기와 연결지어보면 문자는 '소리' 그 말은 '고리'라 했었을 것입니다. 즉 '귀니'로부터 형성된 '고이'는 '고리'라는 별칭으로서 '고양이'의 뜻까지 담고 있었기 때문에 '귀니'보다 더욱 많이 쓰이게 되었고 일반화된 언어로 자리 잡은 것으로 보입니다.

16세기 한문 입문서인『신증유합(新增類合)』(1576)에 '괴 묘(猫)'라는 말이 등장합니다. 오늘날 이러한 흔적은 글씨를 되는대로 아무렇게나 써 놓은 모양을 뜻하는 '괴발개발'이라는 단어에도 남아있지요. 그러던 것이 17세기 무렵 '작은 것'을 나타내는 접미사 '-앙이'가 붙어서 '괴앙이'가 되었다가 곧 '괴'의 'ㅣ' 모음이 발음에 영향을 끼치며 자연스레 '괴양이'로 변화하게 됩니다. 효종(孝宗:1619~1659) 임금께서 고양이를 좋아하던 딸인 숙명공주(淑明公主:1640~1699))에게 보낸 편지에도 고양이를 가리키는 말로 바로 이 '괴양이'이란 단어가 등장합니다. 그리고 다시 '괴'의 'ㅣ' 모음이 탈락하여 '고양이'가 되었다고 합니다.

'고양이'란 말은 보통 19세기 말에 정착된 것으로 보이는데 이 무렵 발행된『국한회어(國韓會語)』(1895)라는 책에는 한자 '묘(猫)'를 '고양이'로 설명하고 있습니다.[22]

한편 경성에서 '덕흥서림(德興書林)'이라는 출판사를 운영하던 김동진(金東縉)이란 분은 이 '고이(괴)'의 유래에 대해 다음과 같은 답을 하기도 하였습니다.

---

[22] 홍윤표.『새국어소식』「살쾡이와 고양이의 어원」통권 제87호(2005)

'삵' 같기도 하면서도 모양이 괴이하다 하여 괴이할 괴(怪), 모양 양(樣), 삵 리(狸) 세 글자 음을 따서 '괴양리(怪樣狸)'인데, 이를 '고양이'라 하는 것이다.

— 김동진(金東縉) 『사천년간조선이어해석(四千年間朝鮮俚語解釋)』 (1928) —

이렇듯 김동진은 '괴'의 유래를 '괴이할 괴(怪)' 자에서 찾고 있습니다. 자유자재로 몸을 움직이는 고양이의 행동이 때론 괴이하게도 보이기 때문에 그것도 나름대로 재미있는 추측이긴 하지만 불행히도 이는 잘못된 추측임을 금방 알 수 있습니다. 앞서 고양이는 '괴양' '리'가 아니라 '괴'와 '앙이'로 그때의 '괴'는 '고이'에서 비롯되었고 그 '고이'는 '몽귀'의 '귀니'에서 유래하였음을 확인해 보았기 때문이지요.

우리나라 선사시대에도 고양이가?

현재 전국에 남아 있는 고양이 명칭

현재 『한국언어지도』에 따르면 현재 고양이(猫)'의 호칭으로는 '괴'계, '고양이'계, '고니'계 및 이들과 어원을 달리하는 방언형들이 있다고 합니다. 앞서 살펴보았듯 고양이는 일반적으로 귀니 → 고니 → 고이 → 괴 → 괴앙이 → 고앙이 → 괭이, 고양이' 등의 변화과정을 겪어왔습니다.

'괴양이'는 '괴'와 '고양이'와, 또 '고냉이'는 '고니'와 '고양이'와의 혼용으로 생겨났을 가능성이 크며 '개생이'는 '괴-새끼' 정도의 구성에서 형성된 것이고, '앵구'는 '애옹구'로도 나타나는데, '야옹야옹'의 방언형 '애옹애옹, 아옹아옹' 등을 고려하면 의성어에서 파생되었을 가능성이 큽니다. 또한 살찐이 같은 경우 삵과 연관되어 유래된 방언으로 보입니다.

'괴'계는 주로 전남 지방, '고양이'계는 경기, 충북, 충남, 전북의 거의 모든 지역 그리고 '고니'계는 경기도 가평, 강원, 충북 괴산, 제천, 단양, 경북과 경남 일부 및 제주에서 쓰인다고 하는데 이를 대략적으로 정리해 보면 아래와 같습니다.

- '괴'계 : 고이, 괴, 괘, 궤, 귀, 괴대기
- '고양이'계 : 고양이, 꼬양이, 고앵이, 고앵이, 꼬앵이, 귀옝(앵)이, 굉이, 괴양이, 괴앵이, 괭이, 괘이, 구앵이, 퀭이, 겡이
- '고니'계 : 고냉(넹)이, 고냥이, 꼬냥이, 개냉이, 고내기, 괘내기, 귀내기
- 기타 : 개생이, 새깨미, 살찐이, 앵구

현재 전국에 남아 있는 고양이 명칭

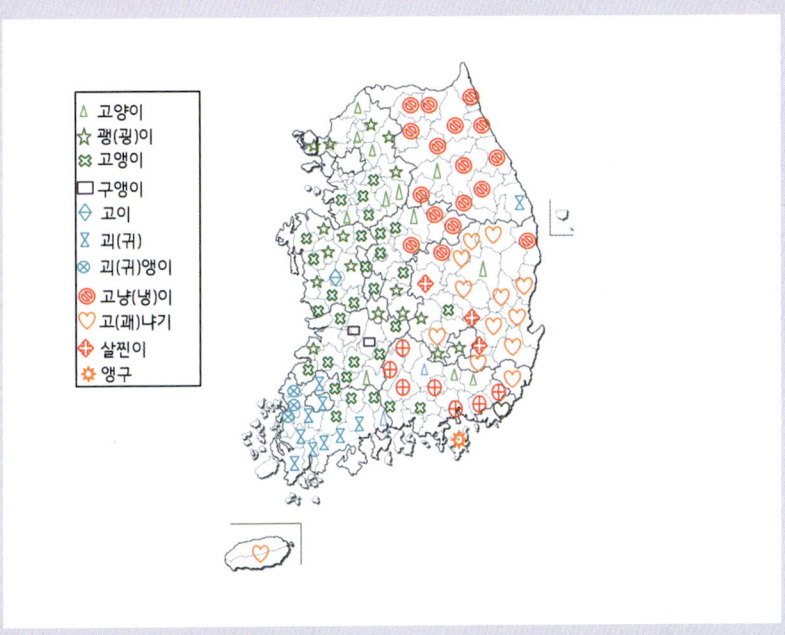

[사진 14] 고양이 명칭에 관한 방언
출처 : 『한국방언자료집』(1987~1995) 『한국언어지도』 고양이편 참고

우리나라 역사 속 고양이 이야기

왜 우리는 고양이를 '나비'라고 부르는 걸까요?

강아지를 바둑이라고 부르듯 고양이 역시 '나비'라는 애칭을 가지고 있습니다. 그렇다면 왜 그 많은 단어 중에 하필 '나비'일까요?

먼저 이에 대해 우리나라 국립국어원의 공식 입장은 북한의 평안북도 지방의 방언으로 '나비'가 남아 있으나 공식적인 사료는 없어 그 이유를 알 수 없다는 것임을 밝혀둡니다.

그럼에도 '고양이'와 '나비'의 호칭 간의 관계를 파악할 수 있는 기록이 존재합니다.

조선 후기 학자인 조재삼(趙在三:1808~1866)은 그의 저서 『송남잡지(松南雜識)』(1855)에서 "'산곡(山谷)의 시에 물고기를 매달아 함선(啣蟬)을 꾀어내야지'라는 구절이 있는데 이 함선은 고양이이며 지금의 함접(啣蝶)과 비슷하다."[23]라고 하였습니다.

우선 이 문장을 이해하기 위해서는 조재삼이 언급한 산곡의 시가 무엇인지 알아야 합니다. 산곡(山谷)은 북송의 시인이자 관리였던 황정견(黃庭堅)의 호로 여기서 언급되는 그의 시란 바로 「걸묘(乞猫)」라는 제목의 시를 가리킵니다.

「걸묘(乞猫:고양이를 구걸하며)」
가을이 오니 쥐떼가 고양이 죽은 것을 알고 기세를 부리는구나
(秋來鼠輩欺猫死)
항아리 엿보고 소반을 뒤집으며 밤잠을 어지럽히네.
(窺甕飜盤攪夜眠)
들이니 고양이가 새끼 몇 마리 낳을 것이라는데
(聞道狸奴將數子)
물고기 사다가 버들가지에 꿰어 고양이를 불러들여야겠네.
(買魚穿柳聘啣蟬)

'함(啣)'은 재갈, 직함(선생), 머금다. 입에 물다. 등의 뜻을 가지고 있는데 그러면 왜 고양이를 '매미를 매달다' 혹은 '매미 선생'이란 뜻의 함선(啣蟬)이라고 했을까요?

---

[23] 강민구 역, 교감국역 『송남잡지』 12권, 소명, 2008, p179-180 "山谷詩, 買魚穿柳聘啣蟬, 註猫名似今啣蝶也."

명나라의 왕지견(王志堅)은 그 유래에 대해 자신의 저서 『표이록(表異錄)』에서 "후당(後唐:923~936)의 경화공주(瓊花公主)에게는 두 마리의 고양이가 있었는데 그 한 마리는 백색으로 입가에 꽃잎이 붙어 있는 듯 했고, 한 마리는 검은색으로 꼬리가 백색이었다. 그래서 공주는 각각 '함선노(銜蟬奴)'와 '곤륜달기(崑崙妲己)'라고 불렀다."[24]고 밝히고 있습니다.

이를 보건대, 경화공주가 키웠다는 '함선노'는 아마도 '매미'라고 표현한 것으로 보아 백색의 털에 입 주위가 까만색 털이 난 고양이였을 겁니다. 그런데 청나라의 황한(黃漢)이 쓴 『묘원(猫苑)』에는 "함선의 반대가 (함)접이다.(銜蟬扑蝶)"라는 기록이 나옵니다. 그러니까 '검은 고양이에 입 주위만 하얀 색 털이 있는 고양이'를 가리켜 '나비를 매달다.' 혹은 '나비 선생'이란 뜻의 '함접(銜蝶)'이라 하게 된 것임을 알 수 있지요. 그리고 조재삼의 기록을 통해 우리는 고양이를 부르던 바로 이 별칭이 조선에서도 활용되었음을 확인할 수 있었습니다. 다만 다른 지점이 있다면 '매미'의 반대 모양이 '나비'가 아니라 조선에서는 '매미'를 대신해 '나비'라는 별칭이 더 널리 쓰였던 것 같습니다.

바로 이와 같은 과정을 거쳐 '고양이'를 '나비'라고 부르게 되었고 이것이 다른 어떤 이칭보다 고양이를 대표하는 별칭이 된 것으로 추정됩니다. 유난히 우리나라에서 나비가 고양이의 별칭이 된 것은 「묘접도(猫蝶圖)」와 깊은 관련이 있는 것으로 보입니다.

---

[24] 漢語網(http://www.chinesewords.org) '銜蟬奴詞語解釋/銜蟬奴是什麼意思' 明 王志堅『表異錄·羽族』: "后唐 瓊花公主, 有二貓, 一白而口銜花朵, 一烏而白尾, 主呼為銜蟬奴、崑崙妲己。

왜 우리는 고양이를 '나비'라고 부르는 걸까요?

고양이는 한자로 묘(猫)이며 중국어 발음으로는 '마오(mao)'입니다. 그런데 공교롭게도 이는 70세 먹은 노인을 나타내는 모(耄)자와 그 중국어 발음이 같습니다. 마찬가지로 나비는 한자로 접(蝶)자를 쓰는데, 중국어 발음으로는 '디에(die)'라고 하지요. 이것은 80세 노인을 뜻하는 질(耋)자와 그 발음이 또한 같습니다. 일종의 언어유희로 「묘접도」는 중국 송나라 시대에 많이 그려졌으며 이후 조선, 일본에서도 전파되어 널리 그려진 그림입니다.

특히 조선 시대 민화의 소재로 이 두 가지는 '장수'를 바라는 의미로 많이 활용되었습니다.(이에 대해서는 후에 자세히 알아보겠습니다.) 이를 종합해 보면 원래 중국에서 고양이를 부르던 명칭 중 하나인 '나비'가 '노인'과 '장수(長壽)'를 뜻하는 의미로 활용된 민화의 유행이 결합 되며 고양이를 지칭하는 별칭으로 '나비'가 널리 쓰이게 된 것 같습니다.

[사진15] 김홍도(金弘道:1745~1806) 황묘농접(黃描弄蝶,) 출처 – 간송미술관 소장

우리나라 역사 속 고양이 이야기

　한편 이에 대해선 또 다른 설이 존재합니다. 그 중 가장 많이 거론되는 건 '원숭이'를 부르던 '납'에서 비롯되었다는 것입니다.

　18세기에 들어와 한자어인 '猿猩(원숭이 원, 원숭이 성)'이 생겨나기 전까지 원숭이는 '납'이라고 불렀습니다. 『훈민정음 해례본』(1446)에는 '납위원(爲猿)'이라는 글이 기록되어 있는데 이는 '납은 원숭이다.'라는 뜻입니다. 오늘날에도 '잽싸다'라는 의미에 '잔'을 붙여 원숭이를 '잔나비'라고 말하곤 하지요. 바로 이에 연원하여 고양이가 원숭이처럼 날래다고 하여 '나비'라 부르게 되었다는 것입니다. 그런데 비슷한 관점에서 또 다른 설이 존재하는데 이는 12간지 그리고 점술과 관련이 있습니다. 당시 점술을 칠 때 12간지에서의 원숭이 신(申)에 속하는 한자로 원숭이를 의미하는 한자어인 '후(猴)' '유(蜼)'와 더불어 고양이 '묘(猫)'를 넣었다고 합니다. 바로 여기에서 '고양이=나비'가 유래되었다는 것이지요.[25]

[사진16] 역원길(易元吉), 후묘도(猴貓圖) 출처 – 대만고궁박물관

---

[25] 문화일보, 2017. 09. 18. 「원숭이와 잔나비」

기록 속 고양이의
다양한 명칭들

1) 서거정(徐居正:1420~1488) 『동문선(東文選)』

「오원자부(烏圓子賦)」

고양이맞이하는법이있었으니우리밭농사를잘되게도와서

(迎猫有法興我田功)

민물에 이택을 입힌 때문이었네(利民澤物)

내가오원자를기르는뜻도대체로이와같은것이었다

(予養烏圓子意蓋如此)

2) 허준(許浚:1539~1615) 『동의보감(東醫寶鑑)』 「수부문(獸部門)」

"고양이는 가리(家狸) 이노(狸奴)라고 한다."

3) 박세당([朴世堂:1629~1703) 『서계집』 「소리가(小狸歌)」

고양이야 고양이야 두 마리 고양이야(小狸小狸兩小狸)

…(중략)…

끼니는 셋이 나누어 먹고 잠은 함께 자며(粥飯三分眠一團)

아침저녁 장로 곁에서 아양을 떠는 구나.(朝暮戲嬉長老側)

4) 이익(李瀷:1681~1764) 『성호사설(星湖僿說)』

"고양이(猫)는 가리(家狸)라는 것이다."

우리나라 선사시대에도 고양이가?

5) 유본학(柳本學:1770~?) 『오원전(烏圓傳)』
"오원(烏圓)의 자(字)는 오직(午直)으로 노나라 사람이다."

6) 정약용(丁若鏞:1762~1836) 『다산시문집』 고양이 노래(貍奴行)
남산골 늙은이 고양이를 기르는데(南山村翁養貍奴)
해가 묵자 요사하기 늙은 여우 다 되어서(歲久妖兌學老狐)
초당에 둬둔 고기 밤마다 훔쳐먹고(夜夜草堂盜宿肉)
항아리 단지하며 술병까지 뒤진다네.(翻瓨覆瓿連觴壺)

7) 이규경(李圭景:1788~?) 「묘변증설(貓辨證說)」
"『설문(說文)』에 이르기를 고양이는 일명 오원이라 하였고, 당나라 장필(張泌)의 『장루기(粧樓記)』에 이르기를 고양이는 일명 여노(女奴)라 하였다."

8) 조재삼(趙在三:1808~1866) 『송남잡지(松南雜識)』
'산곡(山谷)의 시에 물고기를 매달아 함선(啣蟬:매미)을 꾀어내야지'라는 구절이 있는데 이 함선은 고양이이며 지금의 함접(啣蝶:나비)과 비슷하다.

9) 이유원(李裕元:1814~1888) 『임하필기(林下筆記)』
"고양이는 일명 몽귀(蒙貴)라고도 하고 오원(烏圓)이라고도 한다."

고양이 모습에 관한 관찰기록

..(상략)...
고양이는 과연 어떤 물건이던고
(貓子知何物)
고양이는 범과 함께 있기도 했으니
(貍奴虎亦當)
이름은 일찍이 한토에 드러났고
(名曾著韓土)
성은 본디 저 묘향에서 나왔었네
(姓本出苗鄕)
성질은 잽싸게 뛰는 버릇이 있고
(性質偏跳捷)
마음은 강포한 짓을 좋아하는데
(心情喜虓剛)
무엇을 엿보는 덴 능수이거니와
(已能工覤伺)
또한 나는 듯 뜀질도 잘하고말고
(亦復巧騰驤)

눈동자는 구슬처럼 반짝거리고 (活眼珠生暈)
터럭 무늬는 알록달록 화려한데 (斑毛繡錯章)
이빨은 갈아서 예리한 창끝 같고 (磨牙兵利戟)
발톱은 흡사 칼끝처럼 뾰족하네 (抽爪劍生鋩)
별똥별처럼 언뜻 지나는가 하면 (倐似飛星過)
번개보다 더 급히 서둘기도 하여 (急於迅電忙)
고기 먹는 턱을 넉넉히 지니고 (飽將食肉頷)
생선 먹는 창자를 잘 채우나니 (養得飼魚腸)
별안간에 재빠른 발을 과시하여 (瞥爾矜趫足)
으르렁대며 목 조르길 일삼누나 (猣然事扼吭)
눈동자는 남북으로 나뉜 듯하고 (睛猶分子午)
코는 염량세태를 점칠 만도 한데 (鼻可卜炎涼)
스스로 편히 눕길 좋아하거니와 (自愛便身臥)
누굴 위해 낯은 씻고 단장하는지 (爲誰洗面妝)
경쾌한 행동은 매우 순간이거니와 (輕儇深造次)
노려보는 꼴은 보통이 아니고말고 (睥睨異尋常)
…(하략)…

— 서거정(徐居正:1420~1488) 『사가집(四佳集)』 「고양이의 그림」

조선 초기 대표적인 문신인 '서거정'과 고양이에 대해서는 나중에 다시 다루겠지만 그는 대단한 애묘가로 알려져 있습니다.

그가 지은 이 시 「고양이의 그림」에는 날래고 잽싼 고양이의 몸짓, 구슬처럼 영롱하면서도 오묘한 눈동자, 염량세태 즉 뜨거워졌다가 금세 식어버리는 코, 알록달록한 얼룩무늬, 뾰족한 발톱 그리고 눕길

고양이 모습에 관한 관찰기록

좋아하고, 끊임없이 단장하는 그루밍의 습성까지 놀랍도록 고양이에 대해 잘 묘사되어 있습니다. 이 중 특히 고양이의 눈동자에 관해서 당시 사람들은 조금 독특한 생각들을 가지고 있었던 것 같습니다.

당나라의 단성식은 『유양잡조』에서 "지동(支動)에 '고양이의 눈동자는 저녁엔 둥글다가 다음 날 오후가 되면 실처럼 가늘어진다."라고 하였습니다. 조선의 대문호 중 한사람인 박지원(朴趾源:1737~1805) 역시 『열하일기(熱河日記)』「혹정필담(鵠汀筆談)」에서 "저 고양이의 눈동자를 보고서 역시 지전(地轉)을 증험할 수 있겠으니, 고양이의 눈동자가 열두 시간을 따라 변함이 있은즉, 그 한 번 변하는 순간에 땅덩어리는 벌써 7천여 리나 달리는 것입니다."라고 말하고 있습니다.

사실 고양이는 다양하고 효율적인 눈의 구조를 가지고 있습니다. 일반적으로 사람이 사물을 볼 수 있는 광량(光量)의 7만분의 1정도만 되어도 주변을 탐지할 수 있다고 하지요. 이렇듯 빛을 효율적으로 이용하고 있는 고양이는 광량이 풍부한 낮에는 눈부심을 방지하기 위해 바늘처럼 동공을 가늘게 만들고 이와 반대로 밤에는 동공을 최대한 넓혀 빛이 더 들어올 수 있도록 합니다.[26]

따라서 옛사람들은 이러한 고양이의 눈동자 변화에 시간이 담겨 있다고 생각했고 이를 통해 실제로 시간을 예측하기도 했다고 전해집니다.

---

[26] 가토 요시코 『고양이 탐구생활』 p34~35

[사진 17] 빛에 따라 달라지는 고양이 눈동자 출처-pixabay

　한편 일반적으로 고양이는 비강에 2억 개의 후각 수용체를 가지고 있는 것으로 알려져 있습니다. 그래서 고양이에게 있어서 후각은 곧 제1의 감각기관이라고 하지요. 이렇듯 예민한 고양이의 코는 미세 혈관이 발달 된 부위이기 때문에 온도에 따라 혈관이 수축 혹은 이완하며 색이 변합니다. 기온이 낮을 땐 밝은 분홍색, 기온이 높을 땐 진분홍 또는 빨간색으로 말이죠. 뿐만 아니라 일반적으로 고양의 코는 개의 코처럼 촉촉하게 젖어있습니다. 이는 코가 축축해야 냄새 입자가 잘 달라붙어 정보를 많이 모을 수 있기 때문입니다. 하지만 항상 젖어있는 개와는 달리 잠을 잘 때, 햇볕을 쬘 때, 공기가 건조할 때는 말라 있을 때도 있다고 합니다.

　이를 미루어볼 때 고양이의 코를 뜨거워졌다가 금세 식어버리는 염량세태에 비유한 서거정의 탁월한 관찰력은 매우 놀랍기만 합니다. 이유원 역시 『임하필기』에서 고양이의 특성에 관해 흥미로운 이야기를 들려주고 있는데 '눈동자가 아침과 저녁에는 둥글고 낮에는 쭈그러져서 실오라기와 같다. 코끝은 항상 차고 오직 하지(夏至) 하루에만 따뜻하며, 털은 이나 벼룩을 용납하지 않는다.'고 말하고 있습니다. 또한, 서거정의 시를 통해 우리는 알록달록한 얼룩무늬 고양이가 있었음을 알 수 있습니다.

그렇다면 우리 역사 속에는 어떤 종류의 고양이들이 있었을까요?
조선 중기 문신이었던 이기(李:1522-1600)가 지은 『송와잡설(松窩雜說)』에서 그 단서를 찾을 수 있습니다. 그는 이 책에서 "(호남지방에는) 고양이의 얼룩은 모두 어두운 청색이거나 회색이며, 검은색과 흰색 무늬뿐만 아니라 금색 얼룩무늬가 있는 것은 아주 없다."라고 하였습니다. 또한 이규경의 『오주연문장전산고』「묘변증설」에는 "『역언(譯諺)』『동문(同文)』의 2개 류서(類書)의 주해에 의하면 수컷 고양이(雄猫)를 랑묘(郞猫)라 하고 암컷 고양이(雌猫)를 여묘(女猫)라 한다. 얼룩 고양이(班猫)를 화묘(花猫)라 하고 검정 고양이(黑猫)를 표화묘(豹花猫), (누런 고양이는) 금사묘(金絲猫)라 하며 회색(灰色)은 회묘(灰猫)라 하고 들에 있는 것은 야묘(野猫)라 한다."고 하였습니다. 이를 통해 우리는 조선에 '청색'과 '회색' 그리고 '검은색' '흰색' '금색(노란색)' '얼룩무늬' 등 현재도 우리가 흔히 볼 수 있는 고양이들이 사람들과 공존하며 살고 있었음을 알 수 있습니다.

또 하나의 흥미로운 기록은 바로 '캣닢'에 관한 것입니다.
캣닢의 정식명은 '네페타 카타리아(Nepeta cartaria)'로 잎끝이 톱니처럼 자라고, 건조 시켜 말리면 박하향이 난다고 해서 우리나라에서는 '개박하'라 불리지요. 바로 이 캣닢에 들어 있는 '네페타락톤(Nepetalactone)'이란 성분이 고양이의 정신을 몽롱하게 만들고 행복하게 만들어 준다는 건 이젠 널리 알려진 사실입니다. 그런데 놀랍게도 캣닢을 좋아하는 고양이의 이와 같은 습성을 옛 사람들도 잘 알고 있었던 것 같습니다.

선조 때의 의관이었던 양예수(楊禮壽 : ?~1597)는 중국 북송(北宋)의 관리이자 문인(文人)인 온혁(溫革)이 저술한 『쇄쇄록(瑣碎錄)』을 인용하여 자신의 저서 『의림촬요(醫林撮要)』 제13권 「제법(諸法)」에 다음과 같은 글을 남겼습니다.

'범은 개를 먹으면 취하고 고양이가 박하(薄荷)를 먹으면 바로 취한다.'

바로 고양이의 캣닢사랑을 기술하고 있는 것이지요. 또한 조선 후기 학자인 이덕무(李德懋:1741~1793) 역시 『청장관전서(靑莊館全書)』에서 '고양이는 박하(薄荷)에 취한다.'고 하였다니 이처럼 우리가 생각했던 이상으로 고양이에 대해 많은 부분을 알고 있었다는 사실이 그저 놀라울 따름입니다.

[사진 18] 캣닢에 취한 고양이 모습 출처-pixabay

야옹야옹.
고양이의 울음소리

야옹야옹.
우리가 고양이의 울음소리라고 하면 누구나 '야옹'이라고 할 겁니다. 그런데 고양이 울음소리에 관해서 일반적인 표현인 이 '야옹' 이외에도 예전에는 '아옹'이란 단어가 많이 활용되기도 하였던 것 같습니다.
조그마한 시빗거리로 서로 자꾸 다투는 모양이란 뜻을 가진 '아옹다옹'이란 말은 고양이 울음소리와 강아지 울음소리에서 유래한 말입니다.

실제로 이익(李肯翊:1736~1806)이 지은 『연려실기술(燃藜室記述)』을 보면 송강(松江) 정철(鄭澈:1536~1593)이 반대 당파였던 이산해(李山海, 1539~1609)의 호 아옹(鵝翁)을 두고 이는 '고양이의 울음소리'와 같은 것이라고 하는 일화가 등장합니다.

고양이 울음소리 '아옹'은 꽤 오랫동안 통용된 것으로 보입니다. 중추원 조사자료 중 하나인 『잡기(雜記) 및 잡자료(雜資料)』「출생(出生)에서 서당(書堂)에 들어가기까지」(1924)에는 '아이들의 울음을 그치게 하기 위해 말하는 것'과 '어린아이들이 무서워하는 것'들 중 고양이를 가리켜 '아옹괭이'라고 표현하고 있습니다. 또한 「동아일보」 1927년 05월 12일 자 기사에서 경남 김해의 유림정(榆林亭)에 있었던 일화에 대해 다음과 같이 소개하고 있습니다.

우리나라 선사시대에도 고양이가?

　순사 모씨가 달아난 고양이를 이웃 사람이 잡아먹었다고 야단친 끝에 하룻밤 유치장에서 재워 보냈는데 그 이튿날 아침에 문제의 고양이가 '아-옹'하고 달려드는 바람에 순사 나으리의 얼굴이 노랗게 변했다.

이를 보면 1920년대까지 고양이 울음소리를 가리켜 '아옹'이라고 하였음을 알 수 있습니다. 참고로 현재도 '아옹'은 『표준국어대사전』에 '고양이의 울음소리'라고 등재되어 있지요.

이 '아옹'의 좀 더 큰 표현 혹은 변형된 표현이 바로 '야옹'입니다. 『표준국어대사전』에서 '야옹'은 '고양이나 범 따위의 짐승이 우는 소리'로 정의되어 있는데 「동아일보」 1922년 12월 03일에 실린 나경손(羅慶孫)의 소설 『환희』에서도 죽어가며 발버둥 치는 고양이의 울음소리를 '야옹'이라고 표기하고 있습니다. 또한 이후에도 "겨울밤에 싸지르는 고양이의 '야옹' 소리(경향신문 1949년 01월 14일)"이라든가 "폐가의 고양이 울음소리 같은 그 '야옹'이란 소리"(경향신문 1984년 10월 20일)라는 표현 등을 통해 사용되어왔습니다.

이는 현재도 '얕은수로 남을 속이려 한다는 말'의 의미를 가진 "눈 가리고 아옹"이라든가 '아무 힘도 없는 자가 힘 있는 자에게 맞서 덤벼드는 경우를 비유적으로 이르는 말'인 "죽은 고양이가 산 고양이 보고 야옹 한다." 속담을 통해 활용되고 있습니다.

이밖에도 고양이 울음소리에 대해 관해서는 '애옹'(동아일보 1928년 05월 09일)', 야웅'(동아일보 1935년 01월 01일), '양옹'(동아일보 1935년 06

월 16일) 등의 표현들이 사용되기도 하였습니다.

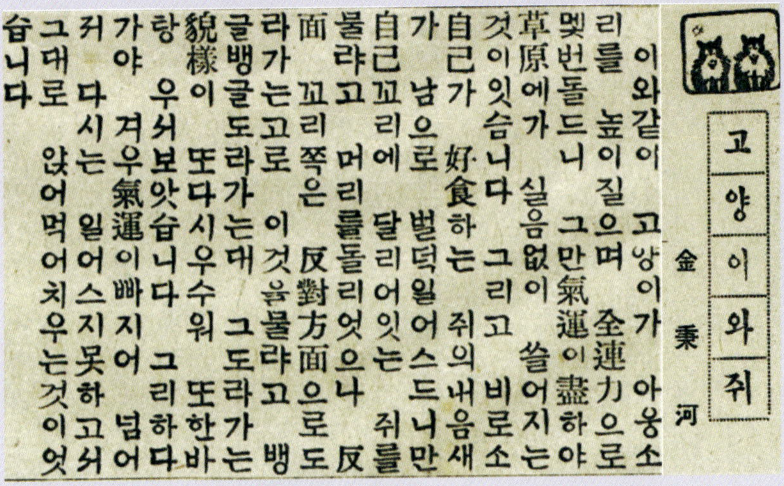

고양이와 쥐

金秉河

이와같이 고양이가 아옹소
리를 높이질으며 全連力으로
몟번돌드니 그만氣運이盡하야
草原에가 실음없이 쓸어지는
것이잇습니다 그리고 비로소
自己가 好·食하는 쥐의내음새
가 남으로 벌덕일어스드니만
自己꼬리에 달리어잇는 쥐를
불랴고 머리를돌리엇으나 反
面 꼬리쪽은 反對方面으로도
라가는고로 이것을물랴고 뱅
글뱅글도라가는대 그도라가는
貌樣이 또다시우수워 또한바
랑 우쉬보앗습니다 그리하다
가야 져우氣運이빠지어 넘어
커 다시는 일어스지못하고쉬
그대로 않어먹어치우는것이엇
습니다

[사진 19]『고려시보』 1933년 08월 16일, 「고양와 쥐」
– 고양이의 울음소리를 '아웅'이라고 표현하고 있다.

우리나라 역사 속 고양이 이야기

고양이는 왜 십이지신(十二支神)에 들지 못했을까?

자(子), 축,(丑), 인,(寅), 묘(卯), 진(辰), 사(巳), 오(午), 미(未), 신(申), 유(酉), 술(戌), 해(亥).

새해가 되면 어김없이 뉴스나 신문을 통해 올해는 무슨 띠의 해이며 그 해를 상징하는 동물의 의미와 그에 따른 운수를 예측하는 이야기를 접하곤 합니다.

예를 들어 '쥐'는 다산과 근면 그리고 풍요의 상징으로 말한다든가 영물인 '호랑이'의 해에는 나쁜 기운은 없어지고 새롭게 변화하고 힘차게 뻗어 나갈 거라는 희망을 이야기하는 것이지요.

고양이는 왜 십이지신(十二支神)에 들지 못했을까?

　이러한 십이지신은 '십이신장(十二神將)' 혹은 '십이신왕(十二神王)'이라고도 하고 방위, 시간과 관련하여 오랫동안 우리의 일상생활에 깊게 자리 잡아 왔습니다.

　십이지가 언제 어디서 만들어졌는지는 특정할 수 없지만 현재까지 연구에 따르면 중국의 소수민족인 이족(彛族)이 오랜 기간 열두 동물로 날짜를 기록했는데 이러한 문화가 중원으로 전래 된 것으로 보고 있습니다.

　진시황 시대 때인 기원전 217년으로 편년 되는 무덤 출토 유물 중 죽간 형태의 '일서(日書)'에는 "자(子)는 쥐다, 축(丑)은 소다, 사(巳)는 벌레(虫)다, 오(午)는 사슴이 다, 신(申)은 고리(環)다, 유(酉)는 물(水)이다, 술(戌)은 늙은 양(羊)이다, 해(亥)는 돼지다."라는 기록이 등장하며 한나라의 학자인 왕충(王充:(王充:27~104))이 자신의 저서 『논형(論衡)』에서 십이간지와 열두 동물을 언급하는 것[27]을 보면 이 시기 십이지신의 형상과 문화가 완성되어 보편화 된 것으로 보입니다. 그리고 이후 인접 국가와 다른 지역으로 다시 전파되었던 것이지요.[28]

　이와 같은 십이지에 대한 문화는 동북아시아를 비롯해 베트남, 태국, 인도뿐만 아니라 중앙아시아, 이집트, 그리스 등에도 널리 퍼져 나가며 몇몇 동물들은 각각의 친숙한 동물로 변형되기도 하였습니다.

　예를 들어 일본에서는 돼지가 멧돼지로 인도는 호랑이 대신 사자, 닭 대신 인도 공작새가 들어가 있습니다. 그런데 한국, 중국, 일본과는 달리 고양이가 들어간 국가가 있습니다.

---

[27] 한국문화재재단(https://www.chf.or.kr) 월간문화재 2017년 12월 호 '십간십이지의 유래와 무술년 개띠'
[28] 송영숙,「일본의 십이지(十二支) 유래 설화」,『일본문화학보』,2012.p371~372

우리나라 역사 속 고양이 이야기

이집트의 경우 개, 뱀, 갑충, 나귀, 사자, 산양, 목우, 매, 원숭이, 악어와 함께 고양이가 들어 있으며 베트남은 소 대신에 물소가 그리고 토끼 대신에 고양이가 들어갔습니다. 고대로부터 고양이와 매우 친밀했던 섬겼던 이집트에 고양이가 들어가는 건 매우 당연한 일이었을 것입니다.

베트남에는 환경적으로 토끼를 보기 힘들었고 자주 접했던 고양이가 그 자리를 대신하게 되었다고 합니다. 지리적으로 가까운 태국 역시 토끼 대신 고양이 돼지 대신 코끼리가 들어갔다고 합니다. 이는 중국어로 성조는 다르지만 음이 토끼(卯)와 고양이(猫) 모두 마오(mao)로 같기 때문으로 보여집니다.[29]

[사진 20] 베트남의 12지신과 고양이 해 기념우표

그렇다면 왜 처음부터 고양이가
십이지신에 들어가지 못했던 것일까요?
이유는 고양이의 역사와 밀접한 관련이 있습니다.
이익(李瀷)의 『성호사설』「가리(家狸)」편을 보면 고양이 유입과 관련해 다음과 같은 글이 등장합니다.

---

[29] 하노이 한인회(homepy.korean.net) [베트남문화] 베트남, 토끼 대신 고양이 띠

고양이는 왜 십이지신(十二支神)에 들지 못했을까?

고양이(猫)는 가리(家狸)라는 것이다. 해설한 자가, "이 가리는 장건(張騫)이 가져온 것인데, 서역(西域) 지방 추운 기후에서 태어난 짐승인 까닭에 코끝이 늘 차다가 오직 하지(夏至)날에만 잠깐 따뜻할 뿐이다." 하였다.

먼저 이 기록은 고양이가 들어온 시기를 말해주고 있습니다. 그것은 장건(張騫:?~B.C114)이란 인물이 활약하던 기원전 2세기 무렵이라는 것입니다. '장건'은 우리에게는 '서역(西域:인도)'까지 이르는 '실크로드(비단길)'를 개척한 인물로 잘 알려져 있습니다. 그리고 그 '장건'이 활약하던 시기가 바로 '한나라 무제'의 통치 시기입니다.

[사진 21] 돈황 막고굴 제323굴 「장건출사서역도(張騫出使西域圖)」
— 한무제가 말 위에서 손을 들어 장건에게 명령을 내리는 가운데 장건이 무릎을 꿇고 있다.

그런데 흔히들 중국에서는 집고양이가 본격적으로 들어온 시기가 일반적으로 후한(後漢)의 명제(明帝: 57~75)때라고들 말합니다. 그리고 이는 불교의 유입과 관련이 깊습니다. 중국은 명제(明帝) 황제에 이르러 관리였던 채음(蔡愔)과 진경(秦景)을 천축(天竺) 즉 오늘날의 인도로 보내어 불경을 가져오게 하였습니다. 그리고 A.D 67년 그들은 두 명의 승려와 함께 불경『42장경(四十二章經)』 및 불상을 백마에다 싣고서 낙양으로 돌아왔지요.[30]

이 불교의 수입은 집고양이의 유입과 매우 밀접한 관련을 맺고 있습니다. 불교를 알기 위해서는 무엇보다 불경(佛經)을 들여와야 했는데 이 불경은 대개 목판본에 새겨져 있었습니다. 바로 그 목판을 갉아먹는 쥐를 잡기 위해 고양이도 함께 들여오게 된 것이지요.[31] 때문에 이익도『성호사설』에서 "당(唐)나라 삼장(三藏)이 불경(佛經)을 씹어 먹는 쥐를 잡기 위해서 가리(家狸:고양이)를 갖고 온 것이다."고 기록하고 있는 것입니다.

당나라 삼장은 현장(玄奬)의 법호로 불교 부흥의 상징과 같은 인물입니다. 그 역시 천축(天竺)으로 여행을 떠나 천신만고 끝에 645년 불경 6백여 권을 가지고 장안으로 돌아왔는데 이 과정을 그린 글이 바로『대당서역기(大唐西域記)』이고 그 글에 민간설화가 보태져 탄생한 소설이 손오공, 사오정, 저팔계가 등장하는 우리에게 잘 알려진『서유기(西遊記)』이지요.

이처럼 장건과 당나라 삼장이 고양이를 가져왔다는 기록은 곧 고양이의 유입이 장소적으로는 서역 그리고 그 이유로는 불교의 수입과 매우 밀접한 관계가 있음을 보여줍니다.

---

[30] 풍국초, 옮김이 이원길『중국상하오천년사』「한나라 명제와 불경」(2008)_네이버
[31] 巴士的報(bastille post) 2015.12.16.「古代中國貓貓事件簿」

고양이는 왜 십이지신(十二支神)에 들지 못했을까?

[사진 22] 구영(仇英:1494~1552) '한나라 궁전의 봄날' (위쪽에 고양이가 보인다.)

 이렇듯 고양이는 한나라 시기 유입이 시작되었고, 그렇기 때문에 당대 보편화 된 동물이 아니었던 것입니다. 이와 같은 역사적인 이유로 고양이가 '십이지신'에 들지 못했던 것으로 추측해 볼 수 있습니다. 그 이외에도 고양이가 십이지에서 제외된 이유 중 하나로 호랑이와의 유사성을 들기도 합니다. 호랑이는 분류학적으로 고양잇과에 속하는 동물이라서 두 동물은 모양과 행동의 민첩함 등이 매우 비슷한 상징성을 지니고 있기 때문에 굳이 들어갈 필요가 없었던 것이라고 말입니다. 한편 우리 민담에는 이와 관련해 흥미로운 이야기가 전해지고 있습니다.

 대세지보살(大勢至菩薩)은 아미타불(阿彌陀佛)의 오른편에 있는 지혜의 문(門)을 관장하는 보살이다. 하루는 석가가 대세지보살을 불러 천국으로 통하는 12개문의 수문장(守門將)을 지상의 동물 중에서 선정하여 1년씩 돌아가면서 당직을 세우도록 했다. 이에 대세지보살은 12동물을 선정하고 그들의 서열을 정하기 위해서 모두 불러 모았다. 12동물 중 고양이는 모든 동물의 무술 스승이어서 제일 앞자리에 앉혔다. 그리고 순서대로 소,호랑이,토끼,용,뱀,말,양,원숭이,닭,개,돼지를 앉힌 후에 석가여래에게 훈계를 청하려고 갔다. 석가를 기다리던 고양이는 갑자기 뒤가 마려워 참다 참다 견딜 수 없어 잠시 으슥한데 가서 뒤를 보려고 자리를 비웠는데 공교롭게도 이때 석가가 왕림하셨다. 석가가 소집된 동물들을 살펴보니 한 동물이 부족했다. 어찌된 영문인지를 몰라 물어보니 마침 고양이를 따라 구경 온 생쥐가 쪼르르 달려 나와서 자신은 고양이 친구인데 고양이는 수문장의 일이 힘들고 번거로워서 수문장이 되길 원치 않아 돌아갔다고 거짓말을 했다. 이에 석가는 그럼 네가 고양이 대신 수문장을 맡으라고 하여 마침내 쥐를 포함한 12동물이 천국의 수문장이 되었다. 뒤늦게 이 사실을 안 고양이는 간교한 쥐에게 원한을 품고 영원토록 쥐를 잡으러 다니게 되었으며, 이때부터 고양이와 쥐는 서로 천적(天敵) 사이가 되었다.[32]

이 민담은 쥐의 거짓말 때문에 고양이가 십이지에서 제외되었으며 감히 자리를 빼앗은 죄로 쥐가 아직까지도 고양이에게 쫓기고 있다는 갈등 유래담입니다. 이 이야기는 생물학적으로 두 동물이 쫓고 쫓기는 모습에서 비롯된 것이라고 추정됩니다.[33] 사실 불교에서도 열두 동물에 대해서 이야기하고 있는 경전이 있습니다.

---

[32] 이찬욱 『한국(韓國)의 띠 문화』(1999) p.54
[33] 송영숙, 「일본의 십이지(十二支) 유래 설화」 『일본문화학보』,2012.p382~383

> 고양이는 왜 십이지신(十二支神)에 들지 못했을까?

『대방등대집경』에서는 염부주, 즉 우리가 사는 이 세계의 사방에는 열두 동물이 사는데 남방 유리(瑠璃)에는 뱀, 말, 염소(양) 서방의 파리(頗璃)에는 원숭이, 닭, 개 북방의 보리월((菩提月) 은산(銀山)에는 돼지, 쥐, 소 동방의 공덕상(功德相) 금산(金山)에는 사자, 토끼, 용이 앉아 동굴 안에서 수신을 거듭하고 있으면서 밤낮 12시간. 12일. 12월에 나누어, 교대로 염부제에 나가 돌아다니면서 교화를 한다[34]고 설하고 있습니다.

이렇듯 불교에서 열두 동물은 그 자체의 형상에 그치는 것이 아니라 수신과 교화를 수행하는 보살과 같은 성격을 지니고 있다는 것을 알 수 있지요. 다만 이 경전에서도 고양이는 나오지 않습니다. 하지만 위 민담에서처럼 우리나라 역사에서 불교와 고양이는 떼려야 뗄 수 없는 관계에 있음은 분명합니다. 다음 장부터 시작되는 모든 이야기는 바로 그 관계가 밑바닥에 깔려있지요.

자, 그럼 그 이야기들을 시작하기 전에 다시금 위 민담의 한 구절을 되새겨 볼까요.

대세지보살(大勢至菩薩)은 12동물을 선정하고 그들의 서열을 정하기 위해서 모두 불러 모았다. 12동물 중 고양이는 모든 동물의 무술 스승이어서 제일 앞자리에 앉혔다.

---

[34] 『대방등대집경』(大方等大集經)』제23권「허공목분」,정목분,동국대학교 한글대장경

우리나라 선사시대에도 고양이가?

일본의
초기 고양이 역사

야요이 시대(B.C 3세기~A.D 3세기)의 고양이 유골이 발굴되기도 하였지만 오늘날 일본에서 자리를 잡은 고양이의 조상은 6세기경 중국으로부터 유입된 것으로 보고 있습니다.

이러한 정황은 에도시기의 수필가인 '타미야 주센(田宮仲宣:1753~1815)'이 지은 『수필우잡조(隨筆愚雜俎)』에 "큰 선박에는 쥐가 많았다. 고대에 불경을 가지고 왕래할 때에는 선박 내에 쥐를 방지하기 위해 고양이를 함께 태웠다."라는 기록을 통해서도 유추해 볼 수 있습니다.

일본에서 최초로 문헌상 고양이라는 단어가 등장한 것은 경운(慶雲) 2년(705)에 지어진 『일본현보 선악영이기(日本現報善惡靈異記)』라는 책을 통해서입니다.

그 책의 기록 중 부젠국(豊前国:현 후쿠오카현 동부)의 선신(膳臣:음식담당직책)이었던 히코구니(廣國)가 말하길 "나는 정월에 삵(狸)이 되어 너의 집에 들어가 공양음식들을 해치는 것들을 다 잡아먹겠다."라고 기록되어 있는데 이때 저자는 삵(狸)에 관해 「네코(禰古)」라고 하는 주석을 달아놓았습니다. 바로 이 주석이 고양이에 관한 일본의 첫 번째 기록이라고 전해지고 있습니다.[35] 이어 일본에서 중요하게 여기는 고양이에 대한 기록은 우다 천황(宇多天皇:867~931)이 889년에 남긴 『관평어기(寬平御記)』라는 일기 글입니다.

---

[35] 猫ジャーナル(https://nekojournal.net)_猫の日本史

"짐이 쉬는 시간에 고양이의 소식을 말하고 가로되, 한 쌍 중 검정 고양이(驪猫) 하나는 다자이후(大宰府)의 차관으로 있던 '미나모토노 쿠라시'가 임기가 끝날 때 내조하여 선제(先帝)인 광효천황(光孝天皇)에게 헌상한 것이다. 그 털색을 보며 사랑하지 않을 수 없는데 모두 칠흑색으로 그 독보적인 흑색은 마치 먹과 같다. …(중략)…선제께서 기르다가 수일 후 내게 하사하니 짐이 그것을 기른 것이 올해로 5년째이다. 나는 매일 유죽(乳粥)을 먹여 길렀다."

— 『관평어기(寬平御記)』 889년 02월 06일조 —

이어 일본에서 중요하게 여기는 고양이에 대한 기록은 우다 천황(宇多天皇:867~931)이 889년에 남긴 『관평어기(寬平御記)』라는 일기 글입니다.

이 일기에서 주목해야 할 건 '려(驪)'라는 글자입니다. 이는 '가라말(털빛이 온통 검은 말)'이란 뜻으로 '가라'는 일본에서 곧 당(唐)나라와 넓게는 중국을 의미합니다. 때문에 이 글에 등장하는 흑묘(黑猫)가 바로 중국에서 건너온 고양이라는 사실을 알 수 있지요. 더구나 이 검은 고양이 외에도 누런색, 하얀색, 붉은색이 섞인 얼룩무늬 고양이 3마리도 함께 당시 조정에 바쳐졌는데 그때의 고양이를 당묘(唐猫), 즉 일본어로는 '가라네코'라고 불렀다고 합니다.[36]

---

[36] 고양이뉴스, 2016.12.10. 「일본 고양이의 꼬리가 짧아진 사연 - 고양이 인문학 : 묘묘한 이야기

우리나라 선사시대에도 고양이가?

[사진 23] 우타가와 히로시게(歌川広重:1797~1858)「아사쿠사돈보리의 거리참배 (浅草田甫酉の町詣)」(1857)

고양이야 넌 어디에서 왔니?

고양이(猫)는 가리(家狸)라는 것이다. 해설한 자가, "이 가리는 장건(張騫)이 가져온 것인데, 서역(西域) 지방 추운 기후에서 태어난 짐승인 까닭에 코끝이 늘 차다가 오직 하지(夏至)날에만 잠깐 따뜻할 뿐이다." 하였다.

....(중략)...

나는 생각건대, 만약 이 가리를 장건이 갖고 온 것이라고 한다면, "(『예기(禮記)』에 이르기를) 팔사(八蜡)에 고양이에게 제사 지내 준다."는 고양이는 과연 무슨 짐승인가? 이는, '밭의 쥐를 잡아먹는 공을 위해서 제사 지내 준다.'고 했으니, 이도 역시 쥐를 잡아먹는 짐승이라는 것이 분명하다. 이로 본다면, 장건이 갖고 오기 전 옛날부터 이 가리란 짐승이

우리나라 역사 속 고양이 이야기

있었다는 것을 알 수 있다.
...(중략)...
일찍이 상고해 보니, 고양이와 범은 둘이 다 딴 짐승이고 이 가리라는 것은 아니니, '대아(大雅)'에 말한, "고양이도 있고 범도 있다(有貓有虎)."는 것이 바로 이것이다. 어떤 이는, 따로 쥐를 잡아먹는 몽근 털로 생긴 짐승이 있는데, 이것이 팔사 중의 하나라는 고양이요 가리는 아니다."고 하니, 어느 말이 옳은지 알 수 없다.

『성호사설』「가리(家狸)」편에 적어 놓은 이익의 의문으로부터 우리나라 고양이의 고향을 추적하기 위한 여정을 시작해 보려고 합니다.
이익의 혼란은 이미 춘추시대(B.C 8세기에서 B.C 3세기에 이르는 중국 고대의 변혁시대)의 글로 알려진 『시경(時經)』과 『예기(禮記)』에 고양이를 뜻하는 묘(猫)라는 단어가 등장했다는 것에서 비롯되었습니다. 벌써 몇백 년 전 '묘'가 기록되어 있는데 새삼 '장건'이 가져온 '가리(家狸)'가 묘(猫)라고 하니 이에 대해 의문점을 품지 않을 수 없었던 것이지요.
그런데 이러한 의문은 비단 이익만의 궁금증은 아니었습니다. 조선 중기 실학자인 이수광(李睟光:1563~1628) 역시 자신의 저서인 『지봉유설(芝峯類說)』에서 중국 양종(楊淙)의 『사문옥설(事文玉屑)』을 인용해 다음과 같이 말하고 있기 때문입니다.

고양이는 중국에서 난 것이 아니라 서쪽 천축(오늘날의 인도)의 옛 이름에서 난다. 쥐가 불경을 갉아먹는 것을 방지하기 위해 중들이 고양이를 길렀다. 당나라 삼장법사가 서쪽 땅에 가서 불경을 구해 올 때 고양이도 함께 가지고 와 그 씨가 퍼진 것이다라고 하였다. 기록을 살펴보면, 『예기』

「교특생」에 고양이를 맞이하여 밭에 있는 쥐를 잡아 먹게 했다고 한다. 또한 공자가 거문고를 연주할 때 고양이가 방금 쥐를 잡는 것을 보았다고 하니 고양이란 명칭은 오래된 것이다. 삼장은 당나라 태종 때 승려이니 그 설은 허탄한 것이다.

— 이수광, 『지봉유설(芝峯類說)』 「금충부 · 수(禽蟲部 · 獸)」 —

이규경 또한 『오주연문장전산고』 「묘변증설」에서 고양이의 유입에 대해 이수광 그리고 이익과 같은 견해를 피력하고 있습니다. 더불어 이규경은 한발 더 나아가 "『공자가어(孔子家語)』에 이르기를 '공자께서 거문고를 연주할 때 고양이가 쥐를 잡는 걸 보았는데 그 소리엔 살벌함이 있었다.'고 하였다. 즉 고양이(貓)는 본래 중국의 동물인 것이다."[37] 라며 고양이의 '천축국 유래설'을 정면으로 반박하고 있습니다.[38] 이에 이익도 옛 서적에 표기되어있는 고양이 '猫'와 이후 '貓'의 '가리'가 다른 것이라고 주장하기에 이른 것입니다.

그럼에도 이를 모를 리 없는 중국에서 정작 고양이가 천축국 즉 서역에서 왔다고 하니 이는 도대체 어떤 영문일까요?

우선 '猫' 혹은 '貓'라는 글자의 탄생에 대해 알아보겠습니다.

현재 모두 중국어 표기로 'mao'이며 고양이를 뜻하는 같은 글자로 사용되고 있습니다. 일반적으로는 두 글자가 다른 것이 아니라 '貓'에서 간명한 글자인 '猫'로 변화한 것으로 보고 있습니다.

---

[37] 家語, 孔子鼓琴, 見貓方取鼠, 有殺伐聲, 則貓本中國獸也
[38] 김경,「朝鮮後期 類書에서의 '고양이' 기록과 그 의미」『Journal of Korean Culture 41』 2018. p297~300

[사진 24] 주나라 시대의 『금문대전(金文大篆)』 진나라 시대의 『소전(小篆)』
속 고양이 문자 출처:新华字典

'貓'자는 상상 속 동물의 모습을 그린 해태 치(豸)자와 싹/모 묘(苗)자가 합쳐진 글자의 모습인데 이를 두고 '논밭의 곡식을 훔쳐 먹는 들쥐를 잡아먹는 고양이의 웅크린 모습'을 따서 만들어진 글자라는 설이 있습니다.[39] 물론 한편에서는 그 울음소리를 표기한 것이라는 설도 있습니다. 마치 우리가 고양이를 그 울음소리를 따서 '야옹이'라고 부르는 것과 같은 이치입니다. 많은 사람들은 고서에 등장하는 이때의 '묘(貓)'가 야묘(野猫) 곧 '삵'[40]을 가리키는 것으로 이해하고 있습니다.

그렇다면 '삵'을 표현하는 '리(狸)'라는 표현이 있음에도 왜 '묘(貓)'라는 표기를 사용한 것일까요?
가축화된 삵이 발견된 천호촌(泉護村) 유적에서 보듯 중국은 오래전부터 '삵'과 공존하며 살아왔습니다. 천호촌 고양이의 골격을 정밀 측정한 결과 삵보다 몸의 크기가 작다는 사실을 알게 되었는데 야생동물에 견줘 몸집이 작아지는 것은 가축화의 주요한 특징입니다.

---

[39] 중앙일보. 1996.12.18. <중국한자>猫-고양이 묘
[40] 中國 百度百科-科學百科 「狸」

이렇듯 삵을 가축화시킨 중국 사람들은 인간과 가까웠던 이 '삵'을 가리켜 그 울음소리를 빌려 '묘'라고 불렀을 것입니다. 그러므로 고서에 등장하는 '묘(貓)'는 이렇게 가축화된 삵일 거라고 생각됩니다. 이후 아직까지 '삵'과 고양이를 명확히 구분 짓지 못했던 사람들은 고양이가 유입되자 이를 '가리(家狸)' 즉 '집에서 기리는 삵'이라고 이름 붙였을 것입니다. 때문에 그런 친숙한 '삵'을 부르던 이칭(異稱)인 '묘'가 자연스럽게 고양이를 지칭하는 단어가 되었음을 추정해 볼 수 있지요. 그런데 고양이가 본격적으로 유입되며 가축화된 삵은 살아남지 못했습니다. 천호촌의 가축화된 삵과 현재 중국의 고양이 다른 종이라는 사실이 이를 말해주고 있지요. 즉 이미 중동에서 길들여진 고양이는 한나라 시대 불교와 함께 중국으로 들어와 그 특유의 친화력으로 빠르게 퍼져 나갔고 당나라 시대에 이르면 가축화된 삵의 자리를 대신하게 된 것입니다.

오늘날 과학으로 겨우 증명된 이 긴 고양이의 역사를 알 리 없었던 조선 시대의 학자들이 '천축국유래설'에 의문을 제기하며 고양이는 본래 중국의 동물이라고 단언한 것은 그래서 어쩌면 충분히 이해되는 일이기도 합니다.

그렇다면 우리나라의 경우는 어떨까요?

이미 우리는 우리나라에도 신석기 시대에 고양잇과 고양이 속 동물 뼈와 그리고 다수의 삵 뼈 유적을 통해 가축화된 삵이 존재했음을 확인해 보았습니다. 이는 9세기까지 계속되었는데 신라 경주의 우물에서 발견된 고양이 뼈의 유전자 검사 결과 벵골 살쾡이인 야생 고양이라는 사실은 이를 더욱 분명하게 증명하고 있지요. 또한 고양이를

우리나라 역사 속 고양이 이야기

부르는 경상도 방언에는 '살찌니'라는 말이 있는데 이는 삵과 진이(지니-〉찌니:사람에 길러진 동물)의 합성어로 이는 '삵이 집에서 길들여진 동물'이라는 의미[41]로서 바로 이러한 역사의 정황을 보여줍니다.

그리고 여기 이와 관련해 주목할 만한 기록이 있습니다.

> 부여는 동이(東夷) 지역 중에서 가장 평탄하고 넓은 곳으로 토질은 오곡이 자라기에 알맞다. 명마(名馬)와 적옥(赤玉)과 담비(貂)·삵(狖)이 생산되며, 큰 구슬의 크기는 마치 대추(酸棗)와 같다.
>
> ―『후한서(後漢書)』「동이열전(東夷列傳)」

> (부여는) 국내에 있을 때의 의복은 흰색을 숭상하여, 흰 베로 만든 큰 소매달린 도포와 바지를 입고 가죽신을 신는다. 외국에 나갈 때에는 비단옷·수놓은 옷·모직 옷을 즐겨 입고, 대인(大人)은 그 위에다 여우·삵(狸)·원숭이(狖)·희거나 검은담비 가죽으로 만든 갓옷을 입으며, 또 금·은으로 모자를 장식하였다.
>
> ―『삼국지(三國志)』「위서(魏書)」동이전(東夷傳)

'부여'의 역사와 문화에 대해서 기록하고 있는 두 사서에서 공통으로 등장하는 동물 중 하나가 바로 '삵'입니다. 그런데 두 기록 속 '삵'의 표기가 '狖'과 '狸'로 다름을 알 수 있습니다. 삵을 나타내는 한자인 '삵 리(狸)'가 존재함에도 '날(狖)'이라고 한 까닭은 무엇이었을까요?

---

[41] 이근열(부산대)『우리말연구 35집』「부산 방언의 어원 연구(1)」(2013) p189~190

이 답을 찾기 위해 먼저 '날(豽)'의 존재에 대해 알아보도록 하겠습니다.

'날(豽)'은 한(漢)나라의 양부(楊孚)가 지은 『이물지(異物志)』에 의하면 "가죽의 문양은 표범과 비슷하며, 앞다리가 없는 전설상의 동물로 조선(朝鮮:고조선)의 특산품"이라고 기록되어 있습니다. 조선 후기 학자인 한치윤(韓致奫:1765~1814)은 역시 자신의 저서인 『해동역사(海東繹史)』에서 "『본초강목(本草綱目)』에 이르길 날(豽)은 조선에서 난다. 삵(狸)과 같이 생겼는데 검푸른 색이며, 앞의 두 다리가 없다. 쥐를 잘 잡는다. 『조선부』에 이르기를 조선에서는 날피(豽皮)를 알지 못한다."고 하였습니다.

한편 『후한서(後漢書)』 「선비전(鮮卑傳)」에서는 '원숭이의 일종'이라고 표기해 놓았는데 이는 '앞 다리가 없다.'라는 특성 즉 원숭이가 직립했을 때의 모습과 '부여에서 원숭이(狖:긴꼬리원숭이)가 존재했다.'는 점에 착안한 것으로 보입니다. 그러나 여러 곳에 기록된 '날'의 습성과 생김새 등을 종합해 1915년 발행된 신자전(新字典)에는 이 글자를 삵 날(豽)이라고 풀이하고 있습니다.

비록 짧은 문장이긴 하지만 '앞 다리가 없다.'는 묘사는 고양이를 좋아하시는 분이시라면 모두가 연상할 수 있는 모습이 있을 겁니다. 예. 맞습니다. 소위 '식빵자세'라 불리는 고양이가 앞 다리를 품 안으로 넣어 몸을 움츠리고 앉아 있는 모습이지요. 표면적을 줄여서 체온을 잃지 않게 하려는 이 자세는 앞 다리를 거의 'ㄷ'자 형태로 접고 있기 때문에 보기에 따라서는 그것이 거의 없는 것처럼 보일 수도 있습니다. 이는 고양잇과인 삵 역시 다르지 않습니다. 하지만 '삵'과 '날'을 구분하고 있다는 점을 볼 때 두 존재의 차이점은 분명히 있었던 것으로 보이는데 앞선 중국의 경우에서 우리는 길들여진 삵은 삵보다 체구가 작았다는 사실을 확인한 바 있습니다.

여기서 '묘'가 길들여진 삵의 울음소리에서 파생된 말이라는 점과 옆 나라 일본에서 고양이 울음 소리가 '냐(Nya)'인 점을 상기해 볼 때 '날' 역시 그 울음소리를 빌려 삵을 지칭했던 말이 아닐까 생각합니다. 그리고 이상을 종합해 보면 중국의 경우처럼 우리나라 역시 적어도 9세기까지 삵으로부터 길들여진 고양이와 천축국(서역)을 거쳐 중국으로부터 새로 유입된 고양이가 공존하다가 결국 후자만이 살아남아 오늘날에 이른 것으로 추정해 볼 수 있습니다.

페르시안
고양이와 신라

일각에서는 7세기경 집고양이로서 '페르시안 고양이'가 들어오며 유입되었다는 주장이 있습니다.

이 주장은 페르시아의 서사집인 『쿠쉬나메』에 근거합니다. 이 책은 최근 신라와 페르시아(현재 이란지방)와의 교류를 알려주는 중요한 사료로 평가받고 있는데 내용을 요약하자면 '아랍 왕의 폭압에 못이긴 페르시아 왕자 '아비틴(Abitin)'은 일족을 이끌고 중국(마친)으로, 중국에서 다시 신라(바실라)로 건너오게 되며 신라를 도와 중국과의 전쟁에서 크게 승리하고, 신라의 왕 '태후르'의 딸 '프라랑(Fra-rang)'과 결혼하여 페르시아의 영웅 페리둔(Fereydun)을 낳는다.'는 게 주요 스토리입니다. 그런데 아비틴이 프라랑 공주와의 혼인을 청할 때 공주를 몹시 아꼈던 태후르 왕은 이방인과의 혼인을 달가워하지 않았고 자신의 딸 30명 중 파라랑 공주를 아무런 정보 없이 찾아낸다면 혼인을 허락하겠다는 단서를 답니다. 이에 고심하던 아비틴은 자신을 기르던 페르시아 고양이를 파라랑 공주에게 선물하였고 공주는 고양이의 아름다움에 반해 이를 지극 정성으로 돌보며 아껴주었지요. 그리고 며칠 뒤 파라랑 공주를 찾아야 하는 날, 아비틴은 공주들이 입은 옷 중에서 하얗고 긴 고양이털이 묻어있는 공주를 선택하게 되어 마침내 태후르 왕에게 결혼을 허락받게 되었다고 합니다.[42]

---

[42] 위키백과 「페르시아고양이(Persian cat)」 한 이야기」

―
우리나라 선사시대에도 고양이가?

하지만 이는 '페르시아'와 '페르시안 고양이'를 연결시키며 와전된 잘못된 이야기입니다. 『쿠쉬나메』에서는 프라랑 공주의 용모를 알 수 없었던 아비틴이 통역관인 '파라'와 공주의 유모가 용모에 대한 힌트를 주어 찾게 되는 과정을 상세히 묘사하고 있기 때문입니다.

[사진 25] 『쿠쉬나메』의 삽화 그림 중 아비틴이 신라왕에게 도움을 요청하는 장면과 아비틴과 프라랑의 아들이자 페르시아의 영웅인 페리둔의 초상화

우리나라에 집고양이는 언제 들어 왔을까요?

우리나라에 집고양이는
과연 언제 들어왔을까요?

도돌이표 같지만 유감스럽게도 이 물음에 대한 답 역시 명확한 기록이나 증거가 찾을 수 없기에 이 역시 파편화된 증거들을 통해 답을 찾아갈 수밖엔 없다는 점을 유념하고 이야기를 시작해 보겠습니다. 지금까지 밝혀진 고양이에 관한 최초의 기록은 '남당유고(南堂遺稿)'[43]의 사서(史書) 중 하나

---

[43] 남당 박창화(朴昌和:1889~1962)는 1933년 ~ 1942년 사이에 일본 궁내성 서릉부(왕실도서관)에서 촉탁(계약직)으로 근무했는데, 서릉부에는 일제가 규장각 등에서 약탈해 간 비공개 고서가 많이 있었고 10여 년간 여러 책들을 읽고 손으로 옮겨 적었다고 한다. 그 대표적인 책으로는 「화랑세기」가 있으며 이 책들에 관해서는 위서(僞書)논란이 진행 중이다.

우리나라 역사 속 고양이 이야기

인 『신라사초(新羅史草)』「아달라기(阿達羅紀)」에서 찾을 수 있습니다.

아달라왕(阿達羅王: 재위 213~243) 17년(229) 4월
처음으로 대축전(大畜典)을 설치하여, 6축(六畜:소, 말, 돼지, 양, 개, 닭)을 기르는 일을 맡기고, 밀봉(蜜蜂, 꿀벌), 사슴(鹿), 토끼(兎), 호랑이(虎), 고양이(猫), 비둘기(鳩), 오리(鴨), 연못의 물고기(池魚) 등 모든 생물과 물고기를 잡거나 지나치게 사냥하는 것을 금하였다.(始置大畜典 掌六畜及蜜蜂鹿兎虎猫鳩鴨池魚等一切生物 禁濫漁淫獵)[44]

그리고 비슷한 시기인 『고구려사초·략(高句麗史抄·略)』「중천대제기(中川大帝紀)」에는 고구려 중천왕(中川王) 13년(260) 중천왕이 신라의 태후인 옥모(玉帽)를 첩으로 삼고, 그 아들인 첨해(沾解)를 자신의 자식처럼 귀이 여기자 임금의 어머니였던 태후가 세 명의 남편, 한 명의 임금과 자식을 죽이고 나라와 두 명의 제후를 망하게 한 춘추전국의 요부(妖婦)인 하희(夏姬)란 여인을 예로 들며 이는 '늙은 여우를 품안에 안아주어 사나운 고양이를 부드럽게 하려는 격(是, 抱老狐, 以柔勁猫也)'이라며 꾸짖었다는 기록도 찾아볼 수 있습니다.

이와 같은 기록들에 따르면 3세기 초반 고양이의 존재가 우리 역사에 등장해 살고 있었고, 평범한 대화에 등장할 정도로 존재감이 있었음을 의미합니다. 앞서 우리는 고양이의 역사에서 중국의 한 무제가 자주 거론되었음을 살펴보았습니다. 그런데 이 한나라 무제는 우리나라와는 떼려야 뗄 수 없는 관계를 맺고 있습니다.

---

[44] 역사자료(http://history-backup.tistory.com)-남당사료-阿達羅紀(아달라기)

바로 기원전 108년 고조선을 멸망시키고 그 땅에 낙랑, 임둔, 진번, 현도의 사군(四郡)을 설치했기 때문입니다. 그리고 이 사건은 중국의 문화가 대거 한국의 역사로 유입된 결정적인 계기가 되었습니다. 그러므로 불교 도입과 관계없이 보다 이른 시기에 고양이가 들어왔을 가능성도 배제할 수 없습니다. 다만 현재 위의 역사서들에 대해서는 위서(僞書) 논란이 진행되고 있고 이른 시기에 고양이 관련 유물과 기록들이 발견되지 않는 상황에서 이는 어디까지나 가능성의 영역으로 남겨두어야 할 것 같습니다.

따라서 현재까지 우리나라도 중국이나 일본의 예처럼 불교의 유입과 더불어 경전을 보호하기 위해 들어왔을 것으로 추측되며 그 시기 역시 4세기경으로 보아야 할 것 같습니다.

『삼국사기(三國史記)』「고구려본기(高句麗本紀)」에 따르면 우리나라에 불교가 공식적으로 들어온 건 소수림왕 2년(372) 여름 6월에 전진(前秦) 왕 부견(符堅)이 사신과 승려 순도(順道)를 보내 불상과 경문(經文)을 주면서부터입니다. 그러나 순도가 불교를 전해 주기 이전에 고구려 사회에서는 이미 불교를 알고 신앙으로 받아들이고 있었던 것으로 보입니다.

예컨대 소수림왕이 즉위하기 이전에 고구려 출신의 승려가 있었는데, 그가 당시 유명한 중국 강남 지방의 승려 지둔(支遁:314~366)과 교류한 사실이 중국의 『고승전(高僧傳)』에 기록되어 있기 때문입니다.

그러므로 소수림왕대의 불교수용은 왕실에서의 공식적인 불교의 수용을 기록한 것으로 생각되며, 그 이전에 민간에서는 이미 불교를 받아들이고 있었던 것 같습니다.[45]

후대의 기록이긴 하지만 『동래부계록(東萊府啓錄)』의 1863년 12월 24일자 기록을 보면 표류한 중국의 상인에게 조선 관원이 "개와 고양이는 무슨 용도로 키우는지 물으니 개는 야간 순찰을 위한 것이고 고양이는 쥐를 잡기 위한 것이다." 라고 대답하였다고 합니다.

바로 이러한 기록과 앞선 일본의 '타미야 주센'의 『수필우잡조』에서 "고대에 불경을 가지고 왕래할 때에는 선박 내에 쥐를 방지하기 위해 고양이를 함께 태웠다."는 기록을 종합해 볼 때 4세기경 불경을 싣고 중국과 삼국을 오가던 선박에서도 고양이를 키웠을 것이고 이러한 과정에서 고양이가 삼국에 유입되었을 것으로 보여집니다.

한편 글자를 알면 그 뜻과 존재에 대해서도 아는 것이기 때문에 '묘(猫)'란 글자를 추적해 보는 것도 중요합니다.

우리가 그 글자를 알게 된 것은 적어도 소수림왕 2년(372) 무렵으로 생각해 볼 수 있습니다. 소수림왕은 우리 역사 최초의 국립교육기관인 '태학(太學)'을 세웠는데 그 과목으로의 하나로 고양이가 서술된 『시경(詩經)』과 『예기(禮記)』등이 포함된 유교 경전들이 있었기 때문입니다. 이와 관련하여 우리는 신라의 고승 혜초(慧超: 704~787) 스님이 저술한 『왕오천축국전(往五天竺國傳)』을 주목해 볼만 합니다.

---

[45] 능인선원(http://www.nungin.net), 한국의 불교-삼국시대의 불교

우리나라에 집고양이는 언제 들어왔을까요?

『왕오천축국전』은 723년 당나라의 광저우에서 시작해 수마트라와 스리랑카, 인도 전역과, 북서부 이란(니샤푸르), 우즈베키스탄과 아프가니스탄, 파미르 고원 부근 그리고 소륵국(疏勒國:카슈가르), 구자국(龜玆國:쿠차)에 이르는 8년간의 여행기입니다.

그런데 혜초 스님은 『왕오천축국전』에서 토번국(吐藩國;오늘날의 티베트)을 설명하면서 "그 땅에서는 양, 말, 묘우(猫牛:야크), 모포, 베 따위가 생산된다.(土地出羊馬猫牛毯褐之類)"라고 기록하고 있습니다. 본래 야크는 한자어 '犛牛'로 표기 되는데 '犛'와 '猫'는 모두 발음이 'mao'로 같습니다. 때문에 혜초 스님은 '犛牛'를 '猫牛'로 표기한 것으로 보입니다. 물론 혜초 스님의 이 오기 덕분에 우리는 당시 신라인들이 '猫'란 글자를 알고 활용했다는 사실을 확인할 수 있게 되었지만요. 또한 신라의 제사에 대한 기록도 우리에게 중요한 사실을 이야기해 주고 있습니다.

『삼국사기』 32권 제사 신라조에는 "12월 인일(寅日)에는 신성(新城) 북문에서 8착(八楷)에 제사지낸다.(十二月寅日 新城北門祭八楷)"는 기록이 등장합니다. 그런데 여기서 '楷'은 '사(蜡)'의 오기로 이는 『예기(禮記)』「교특생(郊特牲)」에 기록된 "천자대사팔(天子大蜡八)" 즉 "천자는 여덟 신에게 큰 제사를 지낸다."는 일에서 유래합니다. 앞서도 언급한 바가있지만 이 여덟 신 중 다섯 번째의 신이 바로 고양이 입니다.

신라가 바로 이 팔사를 국가 제사로 지냈다는 것은 곧 고양이의 존재가 이미 신라 사회 안으로 들어 와 있음을 의미합니다.

우리나라 역사 속 고양이 이야기

고양이가 등장한 최초의 유물은 대구 현풍에서 출토된 5~6세기의 것으로 여겨지는 가야의 집 모양 토기에서 찾아볼 수 있습니다.

유물의 외관은 일반적인 집의 모양과 비슷한데 사다리를 통해 출입하는 특이한 구조를 하고 있는 것으로 보아 주거용이 아니라 곡식 등을 저장하던 창고였던 것으로 추정되고 있습니다. 그런데 바로 이 토기에 사다리를 타고 올라가던 두 마리의 쥐가 지붕 위에서 지켜보는 고양이를 보고 놀라는 모습이 익살스럽게 표현되어 있습니다. 그러니까 곡식을 노리는 쥐로부터 고양이가 곡식을 지키고 있는 당시의 생활상을 잘 표현하고 있는 것이지요.[46]

[사진 26] 가야 집 모양 토기(5~6세기 추정), 국립중앙박물관

이뿐만 아니라 경북 의성 지역에서는 5~6세기로 추정되는 고양이 뼈 유물이 발견되기도 하였고, 6세기경 만들어진 것으로 추정되는 신라 시대 동물 토우(土偶) 중에는 개, 멧돼지, 소, 말, 당나귀, 호랑이, 토끼 등과 함께 고양이 토우가 발견되었고, 같은 시기 제작된 국보

---

[46] 국립중앙박물관 「가야 집 모양 토기」

우리나라에 집고양이는 언제 들어왔을까요?

제287호인 백제의 금동대향로에도 고양이로 추정되는 동물이 장식되어 있습니다.

이와 같은 유물들은 이미 고양이가 그 시대 사람들의 생활권 안에 들어와 있음을 직접적으로 보여주는 증거라고 할 수 있습니다.[47]

[사진 27] 신라시대 다양한 토우들(오른쪽 끝 고양이 토우) 출처-국립중앙박물관

이 시기 우리나라 역사에 고양이가 존재했다는 건 중국의 기록에서도 찾아볼 수 있습니다. 중국의 『책부원귀(册府元龜)』 「외신부(外臣部)」 조공에 관한 기록을 보면 719년 불열(拂涅)말갈이 '고양이 가죽(貓皮)'을 바쳤다는 기록이 나옵니다.

말갈족의 한 부족이었던 불열말갈은 『수서(隋書)』에 "백돌부(伯咄部)의 동쪽에 있다."고 하였는데 그 위치에 관해서는 지금의 중국 목단강(牧丹江)과 흥개호(興凱湖) 인근에 거주했던 것으로 추정되고 그런데 『신당서(新唐書)』에 따르면 발해는 8세기 중엽 이 불열말갈을 병합하고 이곳에 동평부(東平府)를 설치합니다.

---

[47] 국립중앙박물관 「고분유물편토우」

즉 적어도 이 시기 고양이가 발해의 역사로 들어오게 된 것이지요. 그리고 앞서 '고양이'로부터 유래되었다는 엔닌의 『입당구법순례행기』의 847년 일기에 기록된 '고이도(高移島)'와 『삼국사기』에 기록되어 있는 '고이도(皐夷島)'도 그 증거가 될 수 있을 것입니다.

따라서 지금까지의 기록과 유물과 증거들을 모두 종합해 본 결과 적어도 8세기에 이르면 만주와 한반도 전역에 고양이가 살고 있었던 것으로 추정해 볼 수 있는 것이지요.

괭이밥
전설

옛날 삼국시대에 신라와 당나라 연합군이 백제에 쳐들어왔다. 서로 몹시 사랑하는 부부가 국경 근처에 살고 있었는데 남편이 군대에 가게 되었다. 남편이 없는 동안 아내는 고양이 한 마리를 데려다 남편처럼 생각하며 의지하고 도우며 살고 있었다. 그런데 어느 날, 아내는 남편이 전쟁터에서 전사했다는 소식을 듣게 되었다.

너무나 슬퍼서 만날 울기만 하던 아내는 그만 자신의 은장도로 자결하고 만다. 그리고 고양이도 죽어 함께 묻혔는데 이듬해 그곳에서 작고 예쁜 노란 꽃이 피었다. 사람들은 이 꽃을 괭이밥이라고 이름 지었다고 한다.[48]

비록 전설이긴 하지만 괭이밥 이야기는 고양이가 오래 전부터 우리와 함께 해 왔음을 보여줍니다. 괭이밥은 그 이름에서도 분명하게 드러나듯 고양이가 배탈이 났을 때 뜯어먹는 풀이라고 해서 붙여진 이름입니다.

한의학에서 괭이밥의 정식 명칭은 시다는 의미의 '초장초(酢漿草)' 혹은 '산거초(酸車草)'로 하였습니다. 그러나 세종대왕 때 만들어진 『향약집성방(鄕藥集成方)』(1433년)에는 '초장초'의 향명(鄕名)을 '묘승애이(猫升碍伊:괴싱아)'라 한다고 적고 있음을 볼 때 일찍부터 고양이와 관련된 이름으로 불렸음을 보여줍니다.

---

[48] 금성출판사. [꽃들의 작명소] '괭이밥'

또한 허준의 『동의보감(東醫寶鑑)』 역시 '괴승아'라 적고 있는데 괴승아는 괴싱아가 전화되어 기술된 것으로 1820년대 유희(柳僖)가 지은 『물명고(物名攷)』에서도 '괴'가 고양이를 뜻한다고 하였습니다.

[사진 28] 들에 피어있는 괭이밥 출처-가야산야생화식물원

불교의 나라 고려, 고양이의 극락이 되다.

『세조실록』 세조 3년(1457) 3월 23일의 기록을 보면 '고양이는 당(堂)에서 놀고, 쥐는 구멍에서 찍찍대고, 소리개는 날아서 하늘에 이르고, 물고기는 못에서 뛰어논다.'는 말이 나옵니다.

여기서 말하는 당(堂)은 바로 불당을 가리킵니다. 고양이가 불당에서 논다니, 그 표현만으로도 불교와 고양이의 깊은 관계가 설명될 수 있을 것 같습니다.

그런데 고려는 바로 그런 불교를 국교로 삼고 있던 나라였습니다. 이러한 이유 때문인지 고려 시대에 이르면 고양이는 우리의 일상 속에 깊숙이 자리 잡게 되지요.

그래서였을까요. 고려 시대 대표적인 문신이자 애묘가이기도 했던 이색(李穡:1328~1396)은 이런 문장을 남기기도 하였습니다.

'고양이는 가축 중에 사람과 가장 친하다.'[49]

어쩌면 '고려 시대'는 우리 역사에서 가장 고양이에게 친화적 환경이었을 시대였는지도 모르겠습니다. 고려 시대 고양이와 관련해서는 흥미로운 기록들과 작품들이 존재합니다. 먼저 건국 초 왕궁인 연경궁(延慶宮)의 건립과 관련해 고양이에 대한 흥미로운 이야기가 전해져 내려옵니다.

고려의 수도였던 개경(오늘날의 개성)에 위치한 연경궁은 국왕이 거처하며 집무를 보던 정궁(正宮)이었습니다. 조선 순조 때의 문신 임효헌(林孝憲)이 편찬한 『송경광고(松京廣攷)』는 개성 송악산(松岳山) 아래 위치한 연경궁을 세울 때의 일을 전하고 있습니다.

도선 대사가 그곳의 터를 잡을 때 말하길 '이곳은 늙은 쥐가 밭 아래로 내려오는 형세(老鼠下田形)이기 때문에 고양이 석상(石猫)을 궁의 앞산에 세우라'고 하였다는 것입니다.[50]

이와 같은 고양이와 쥐의 형상이라는 대립적인 지세에 대한 이야기는 사실 전국에 걸쳐 설화로 남아 있는데 그 한 예로 충청남도 당진시 대호지면 적서리(赤鼠里:붉은 쥐의 땅)에도 연경궁의 이야기처럼 늙은 쥐가 밭으로 내려오는 지형이어서 도선 대사가 서북쪽에 고양이 바위를 세우라 하였다는 전설이 내려오고 있지요.[51]

또한 조선 초기 이순지(李純之:?~1465)가 저술한 『선택요략(選

---

[49] 『목은집(牧隱集)』「고양이가 새끼를 낳다.」
[50] 『송경광고(松京廣攷)』권7 교량 수륙교(水陸橋)
[51] 「향토문화전자대전」- 충청남도 당진시 대호지면 적서리(赤鼠里)

불교의 나라 고려, 고양이의 극락이 되다.

擇要略)』에서는 고려 시대 고양이와 관련된 문화에 대해 짐작해 볼 수 있는 기록이 있습니다.

이순지는 조선 전기 역법에 능했던 천문학자로 『선택요략』은 나날의 행사에서 택일(擇日)하는 방법을 요약하여 편집 간행한 책입니다. 책이 간행된 시기는 비록 조선 시대이지만 건국을 한 지 얼마 안 된 시기였기때문에 그 기저에는 고려의 풍속이 여전히 짙게 남아 있었습니다. 고양이와 관련된 내용은 『선택요략(選擇要略)』 하권 「육축류(六畜類)」에 등장하는데 그 기록을 정리해 보면 아래와 같습니다.

> 고양이를 거세하는 행위를 정묘(淨猫)라 한다.
> 고양이를 매매할 때는 갑자일, 을축일, 경오일, 병자일, 임오일, 경자일, 병오일, 임자일, 병진일이 좋다.
> 고양이를 들이는 행위를 납묘(納猫)라 하며 천덕(天德), 월덕(月德)의 방위로 들어가면 길하고 비렴(飛廉)의 방위로 들어가면 흉하니 피하는 것이 좋다.

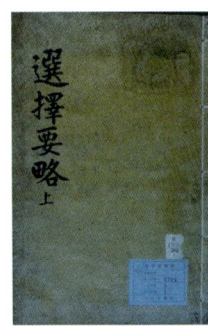 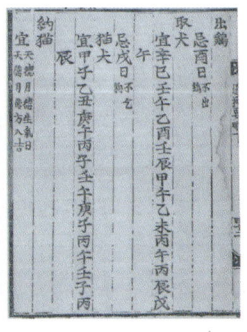

[사진 29] 이순지(李純之 –~1465) 『선택요략(選擇要略)』 중 고양이에 대해 나와 있는 부분

우리나라 역사 속 고양이 이야기

이 기록은 우리에게 매우 흥미로운 몇 가지 이야기를 들려주고 있습니다.

오늘날 잦은 임신에 따른 질병과 고통을 방지하기 위한 중성화 수술이나 길고양이 TNR(Trap-Neuter-Return:중성화 수술 후 재방사)이 이루어지고 있습니다. 특히, TNR은 사람과 고양이의 공존을 위한 방법의 하나로 길고양이의 개체수를 적절하게 유지하는 동시에 사회적 갈등을 줄이기 위해 정해진 법률(중성화실시요령)에 따라 진행되고 있지요.

그런데 위 기록은 '거세'라는 거친 표현을 사용하고 있긴 하지만 고려 시대에도 오늘날의 중성화 수술과 같은 '정묘(淨猫)'라는 행위가 이루어졌음을 말해주고 있는 것입니다. 물론 '정묘'가 다른 동물의 '거세'와 같은 행위의 하나로 다루어진 것을 보면 오늘날과 같은 목적과 형식으로 행해졌다고 보기는 어렵겠지요.

또한, 오늘날 고양이의 입양처럼 고양이를 매매 등의 형태로 집안에 들였는데 이 행위를 '납묘(納猫)'라 하였다는 사실도 알 수 있습니다. 그리고 이 '납묘'를 함에 있어서 날과 방위를 고려하였다는 것은 곧 고려시대 사람들은 고양이를 들이는 행위를 매우 신중하게 생각했음을 보여줍니다.

한편, 고려시대 문신인 이규보(李奎報:1168~1241)의 시 「득흑묘아(得黑貓兒)-검은고양이를 얻다.」에서 "옛날엔 내 살림이 가난하여 중년까지 너를 기르지 못했다.(我昔恃家貧 中年不汝畜)"는 대목으로 미루어보아 당시 고양이를 기르기 위해서는 어느 정도 금전적인 여건을 갖추어야 했음을 알수 있습니다. 그리고 조선 초 15세기 인물인 서거정의『사가집』「고양이의 그림」에는 "곳곳마다 사람들이 다 보호하거니 집집마다 길러도 해롭지 않고 말고(處處人皆護 家家畜不妨)" 구절이 나오는데 이를 보아 고려 시대에는 고양이가 많은 사람들에게 사랑을 받았음도 짐작해 볼 수 있습니다.

한편, 고려 시대 귀족들의 생활상을 그린 14세기 작품인『아집도대련(雅集圖對聯)』에는 고양이가 등장합니다. 드디어 고양이가 회화에 등장하기 시작한 것이지요.

그림의 상단에는 고려 시대 건축물과 나무가 우거져 있으며, 그 위로 새들이 날아다니고 있습니다.

그 아래로 탁자 앞에서 차를 마시는 두 명의 인물을 그려져 있는데 동자가 받쳐 세운 족자의 그림을 멀찌감치 앉아 감상하고 있는 관료들이 표현되어 있는데 놀랍게도 바로 그 아랫부분에 반려동물로 길렀던 것으로 보이는 강아지와 고양이가 그려져 있습니다. 털이 짧고 온몸이 하얀 고양이는 작은 테이블 위에서 웅크리고 자고 있다가 강아지가 다가서자 놀랐는지 다리를 쭉 펴고 허리와 꼬리를 위로 치켜드는 모양새를 취하고 있지요. 실제 고양이의 일상을 떠올리게 하는 이 모습은 고려 시대 사람이 고양이에 대해 상당한 식견과 이해를 가지고 있음을 우리에게 보여주고 있습니다.

우리나라 역사 속 고양이 이야기

[사진 30] 고려 후기 귀족의 생활상을 그린 『아집도대련(雅集圖 對聯)』
– 마당에 하얀 고양이를 볼 수 있다. 소장–호암미술관

고려와 동시대의
송나라와 일본의 고양이

고려와 활발하게 교역하던 중국의 송나라에서도 고양이가 글과 그림의 소재로 많이 활용되었습니다. 예컨대 송나라의 학자인 정이(程頤:1033~1107)가 지은 『양어기(養魚記)』라는 책이 있습니다.

이 책은 집안사람(家人)이 돌을 쌓아 동이만 한 작은 못을 하나 만들어서 물고기 새끼를 사다 길러 고양이 먹이로 썼는데, 그것이 불쌍해서 살려 주고 그것을 관찰하면서 느낀 바를 기록한 것입니다. 이를 통해서 우리는 그 시대의 많은 귀족들이 고양이를 반려동물로 길렀다는 사실을 알 수 있지요.

특히 송나라에서 털이 긴 고양이는 '쥐 잡는 고양이'로 여겨졌고, 노란색과 흰털을 가진 고양이는 '사자 고양이'로 불리며 많은 사랑받았다고 합니다. 또한 당시에는 시장에서 고양이를 사고팔기도 하였는데 고양이의 먹이로 돼지고기 순대를 팔았다는 기록도 존재합니다.[52]

참고로 송나라 시대 고양이가 등장하는 흥미로운 이야기가 있습니다. 바로 송나라 인종(仁宗:1010~1063) 황제의 출생과 관련된 설화인 「이묘환태자(狸猫換太子)」가 바로 그것입니다.

---

(52) 『고양소식』 2015년 04월호 p31

우리나라 역사 속 고양이 이야기

[사진 31] 1993년작 포청천-이묘환태자(狸猫換太子)

'이묘'란 사전적인 풀이로는 '살쾡이'이지만 여기서는 집고양이로 곧 '집고양이를 태자와 바꾸었다.'라는 뜻입니다.

이야기를 하자면 이렇습니다.
북송의 3대 황제였던 진종(眞宗:968~1022) 말엽 그의 비 이비(李妃)와 유비(劉妃)가 동시에 임신을 하게 됩니다. 그러나 얼마지 않아 유비(劉妃)는 유산을 하게 되었고 그녀는 이비가 태자를 낳아 황후자리에 앉게 될 것을 두려워하게 됩니다. 이에 태감 곽괴(郭槐)와 결탁하여 산파 우(尤) 씨를 매수해 껍질을 벗긴 고양이를 이비가 낳은 태자와 바꿔치기 했고 이후 이비는 요상한 아이를 낳았다는 죄명으로 냉궁에 유배되게 됩니다. 이비가 낳은 아들을 자신의 아이로 기른 유비는 황후에 이어 태후까지 되었지만 세월이 흘러 현명한 신하였던 포증(包拯)에 의해 이 사건의

전모가 밝혀지게 됩니다. 이후 죄인들은 처벌을 받았고 황제가 된 인종(仁宗)은 생모 이비에게 효도를 다하지 못한 것을 책망하며 포증에게 자신의 용포를 때리게 하여 불효의 잘못을 사죄했다고 합니다.

우리나라에도 1993년 드라마로 방영된 『판관 포청천』을 통해 잘 알려져 있는 이야기로 역사적 사실과는 부합하지 않지만 사람들의 입과 입으로 전해지며 여전히 흥미로운 이야깃거리로 경극이나 소설, 드라마의 주요 소재가 되고 있지요.

한편, 비슷한 시기인 11세기 초부터 일본에서도 고양이를 화폭에 담기 시작했습니다. 토바노소죠(鳥羽僧正:1053~1140)의 작품으로 알려진 『쵸주기가(鳥獸戱畵)』에는 개구리와 여우, 토끼 등과 함께 꼬리가 길고 털이 호랑이 모양을 한 고양이 세 마리가 그려져 있는데 이는 일본에서 고양이가 일반적인 동물이 된 것을 나타내고 있는 것이라고 해석되고 있습니다.

일본 최초의 고양이 이름 역시 비슷한 시기 재위한 이치죠천황(一條天皇:980~1011)이 붙여주었다고 합니다. 송나라의 외교 사절로 고양이 선물을 받고 애묘가가 된 그는 고양이에게 비단 목걸이를 채워주고 극진한 대접을 해주었는데 그 중 암컷 한 마리에게 「묘부노오토도(후궁의 궁녀장)」라는 귀부인풍의 이름을 붙여주었습니다.

이렇게 천황이 고양이를 아끼자 귀족들 역시 너도나도 고양이를 기르게 되었고, 그 행위는 곧 부유함의 상징이 되었다고 합니다.

우리나라 역사 속 고양이 이야기

[사진 32] 토바노소죠(鳥羽僧正:1053~114년) 『쵸주기가(鳥獸戱畵)』의 일부

고양이에 관한 몇 가지 진실

1) 괴무덤과 손톱 먹은 쥐

Q 익산에 괴무덤이라는 게 있다던데 무엇입니까?

긍게 옛날 말이 오래되다 보믄 이 고양이가 인자 말하자믄 사투리로 굉이라고 햐. 고양이 무덤을 야기하는 거여. 고양이 3ㄱㄹ2무덤. 그 저쪽 산에 있는디 고양이를 거여 무덤이. 그렇게 이 안에 가서 절이 큰 절이 있다고 하잖어. 긍게 미륵사 절이 있어가지고 절이 항상 했을 적에는 저 스님들이 중들이 그리 쎄대. 막 불교가 왕성해가지고 그래가지고 막 아까도 얘기했지만. 이 안으로 길이 이렇게 있는데 길이 길로자 노상이란 말이여. 길이 있기 땜에 길 위에로 인자 이짝저짝이있고 오고가고 혀

우리나라 역사 속 고양이 이야기

는 것인데 이 앞으로 저기헌 사람들은 지나댕기들 아무도 못했대. 어뜨케 권세가 쎄서 오가는 사람들헌티 그렇게 행패 부린 겨. 근디 스님들이 그렇게는 이걸 어떻게 해꾸를 해야겄는디 또 누가 그런걸 거시길 했어요. 근데 이제 먼 주지 스님이 저기가 쥐래 쥐. 그래서 저기 못허게 저 금고양이를 그 길목에 저거해 놓았더니 꼼짝도 못하고 점차 망했다는 전설이 있거든. 그 고양이무덤인데 인자 오랜 세월이 가다봉게 괴무덤이라고 하는 거여.[53]

우리나라에 고양이가 자리 잡으면서 사람들 사이에도 고양이와 관련된 이야기들이 태어났습니다. 현재는 전국 방방곡곡 고양이에 관련된 무수한 이야기들이 존재하는데 여기에서는 꽤 이른 시기 형성된 몇 가지의 이야기만을 나누어보려 합니다.

그 첫 번째 이야기는 앞에서 살펴본
익산 미륵사와 관련한 고양이 이야기입니다.

『익산시사(益山市史)』에도 '미륵사지' 남쪽 1km 지점에 '고양이 무덤'에 관한 전설을 전하고 있는데 위의 구술처럼 위세를 믿고 행패를 부리던 미륵사의 주지가 알고보니 쥐였고 상극인 고양이의 형상을 묻어두자 절의 기세가 꺾여 행패나 괴롭힘도 사라졌다는 이야기로 그때 그 고양이 형상을 묻은 곳이 바로 '괴(고양이)무덤'이라는 것입니다.

더불어 같은 배경의 이야기이면서도 다른 버전의 이야기들도 전해지고 있지요. 절 서쪽에 있는 기양리의 권씨라는 사람의 딸이 동쪽 봉산마을에 사는 심씨의 아들에게 시집을 가게 되었는데 무사히 절

---

[53] 익산시 구술사 아카이브 금마면-노상마을 1945년생 조기형 할아버지의 구술

앞을 지나갈 수 없어 고심하던 끝에 병이 나서 자리에 눕게 되었답니다. 그때 마침 길을 지나가던 도사가 권씨에게 말하기를 미륵사의 주지는 천년 묵은 쥐가 둔갑한 것으로 이를 없애면 된다는 것이었습니다. 이 말을 들은 권씨는 금색 고양이를 잡아 절에 풀어놓으니 녀석이 주지로 변한 쥐를 잡아먹었고 주지가 죽자 미륵사 역시 얼마 안 가 망하게 되어 마을 사람들 모두 평안하게 살게 되었으며 훗날 그 고양이를 묻어 준 자리가 바로 '괴무덤'이라는 것입니다.[54]

실제로 익산의 '괴무덤'은 '꽹이무덤' '꽹이뜰' '꽹이모퉁이'라는 말로 사람들의 입과 입으로 전해져 오늘날까지 그 흔적이 남아 있습니다. 그런데 이 설화를 듣고 보니 혹시 어릴 적 보았던 동화가 생각나지 않으셨나요? 맞습니다. '손톱 먹은 쥐'라는 이야기. 우리에게 다 깎은 손발톱을 함부로 버려서는 안 된다는 무서운(?) 교훈을 준 동화였지요.

절에 공부를 하러 간 도령은 손톱 발톱에 사람의 영혼이 들어있으니 조심히 버리라는 스님의 경고에도 손톱 발톱을 깎아서 아무 곳에나 버렸습니다. 이를 예사롭지 않게 바라보는 쥐. 녀석은 도령의 손톱을 야금야금 찾아 먹습니다. 그리고 얼마 후 도령은 공부를 마치고 집으로 돌아옵니다. 아 그런데 글쎄 자기랑 똑같이 생긴 도령이 먼저 집에 들어와 자리를 잡고 있는 게 아니겠습니까? 그 녀석은 바로 도령의 손톱을 먹고 변신한 쥐였습니다. 도령은 자신의 자리를 되찾기 위해 대결을 하지만 패배하여 결국 쫓겨나게 됩니다. 낙담하며 절로 돌아온 도령을 본 스님은 고양이를 데리고 집으로 가 보라고 합니

---

[54] 월간 소통신문 2014.01.13.「고도익산의 향기 #2 미륵사지 (2)」

다. 고양이 한 마리를 데리고 집으로 돌아간 도령. 고양이를 보자 가짜 도령으로 둔갑한 쥐는 도망치다가 결국 고양이에게 잡아먹히게 되고 도령은 자신의 자리를 되찾게 됩니다.[55]

신체발부 수지부모 불감훼상 효지시야.(身體髮膚 受之父母 不敢毁傷 孝之始也) '사람의 신체와 터럭과 살갗은 부모에게서 받은 것이니, 이것을 감히 손상시키지 않는 것이 효의 시작이다.'

누구나 한번은 들었을 법한 『효경(孝經)』에 나오는 유명한 문장이지요. 하지만 신체발부 수지부모라고 해도 손톱 발톱을 잘라야 했는데 그 다음 처리를 잘 해야 한다는 교훈 아래 바로 이 '손톱 먹은 쥐' 이야기를 아이들에게 들려줬다고 합니다. 일종의 예의를 지키고 몸을 소중하게 여기라는 깨달음을 주기 위해서.

2) 거창군 하성(霞城) 전설

옛날에 하성의 아랫마을에 금실 좋은 부부가 살고 있었습니다. 그러나 아내가 딸을 낳다가 그만 일찍 세상을 떠나고 말았지요. 이후 딸아이가 어느 정도 크자 마침내 남자는 아들이 하나 있는 여자와 재혼을 했습니다. 계모는 전처의 딸이 자신의 아들보다 총명하자 시샘을 했고 내기를 제안했습니다. 둘 중 누가 더 총명한가를 시험해 보려는 것이었지요. 계모는 자신의 아들에게는 말 한 마리를 주면서 천리를 갔다 오게 하고, 전처의 딸은 집 뒤의 산에 돌로 성을 쌓으라고 했습니다. 만약 한 달안에 그 일을 마치지 못하면 내기에 져 죽게 되는 것이었습니다.

---

[55] 문화콘텐츠닷컴 「도령이 된 쥐」

고양이에 관한 몇 가지 진실

마침내 시합이 시작되었습니다. 아들은 말을 타고 고향을 떠났고, 딸은 뒷산에 올라가서 성을 쌓기 시작했지요. 돌 성을 쌓는 일은 매우 힘든 일이었습니다. 본디 이 지역은 돌이 귀해 먼 곳에서 돌을 날라다가 성을 쌓아야 했기 때문이었습니다. 그런데 딸에게는 어려서부터 애지중지 키워 오던 고양이 한 마리가 있었습니다. 고양이가 열심히 돌을 날라다 주면서 딸이 성을 쌓는 일을 도와주었습니다. 계모가 보니 성은 거의 완성되어 가는데 자신의 아들은 돌아올 기미가 보이지 않았지요. 계모는 딸이 성을 쌓는 것을 방해하기 위해 일부러 말을 걸고. 또 새참을 해다 주고 콩도 볶아서 간식으로 갖다 주거나 이것저것 일을 시켰습니다. 그래도 틈이 나는 대로 성을 쌓았지만, 계모의 방해로 성 쌓는 일이 자꾸 늦어지게 되었지요.

드디어 한 달이 지나 약속한 날이 되었습니다. 그동안 딸과 고양이가 열심히 성을 쌓았기 때문에 이제 한 번만 돌을 날라다 쌓으면 성이 완성될 참이었습니다. 딸도 고양이도 매우 피곤했지만 이제 마지막 돌만 나르면 성이 완성되기 때문에 끝까지 최선을 다했습니다. 딸은 마지막으로 치마에 돌을 담아 싸가지고 오는 도중에 멀리서 동생이 오는 모습을 보았습니다. 그래서 부지런히 가서 성을 마저 쌓으려고 했는데, 갑자기 계모가 나타나서 앞을 가로막으며 볶은 콩을 주면서 먹으라며 했습니다. 그 순간 딸은 안절부절못하고 있다가 결국 계모의 간청을 못 이겨 콩을 받아먹게 되었고 그 사이 아들은 말을 타고 집에 도착하게 되었고, 딸은 내기에서 지게 되었습니다.

딸은 계모의 아들이 자신의 옆을 지나쳐 가자 내기에서 졌다는 생각에 치마에 싸서 가지고 오던 돌을 모두 쏟아 버리고 털썩 주저앉아

울고는 그 자리에서 스스로 목숨을 끊어 버리고 말았습니다.

딸이 죽는 것을 보자 고양이도 슬피 울다가 그 자리에서 딸을 따라 죽어 버렸습니다. 결국 성은 끝내 완성되지 못한 채로 지금까지 남아 있고, 그 성을 여자가 쌓았다고 해서 '여성(女城)'이라고 부르게 되었다고 합니다. 지금도 하성 주변 여러 곳에서는 돌무더기가 발견되는데, 이 돌들은 딸이 성을 쌓기 위해 갖다 놓은 돌이라고 전해지고 있습니다.[56]

[사진 33] 하성(霞城) 출처 - 국가문화유산포털

이 이야기에 등장하는 하성(霞城)은 경상남도 거창군 웅양면 한기리의 오산 마을 동북쪽 약 300m에 위치한 성입니다. 하성은 삼국시대 신라의 침입을 막기 위하여 백제가 쌓은 성으로 추정되고 있으며 현재는 경상남도 문화재 자료 제92호(1983년 12월 20일)로 지정되었습니다.

---

[56] 『한국향토문화전자대전』, 「오산 하성 전설」.

실제로 거창은 돌이 귀한 곳이라 성을 쌓는 것은 매우 어려운 일이었다고 전해집니다. 때문에 사람들 특히 여자들이 치마폭으로 돌을 운반해 성을 쌓았다고 하여 '여성(女城)' 또는 '치마성'이라고도 했다는데 이야기는 이런 실제의 사건을 설화화 한 것이지요.

또한 거창군사 편찬 위원회의 『거창군사』(거창군, 1997)에 수록되기도 했는데 많은 지역에서 전승되는 '오누이 힘내기' 설화 유형의 한 갈래로 분류되며 딸이 어머니의 방해로 아들에게 지는 것으로 끝나는 남아를 중요시하던 당시의 사상들을 엿볼 수 있습니다.

그런데 이 이야기에서 중요한 것은 사회적 약자인 여성을 돕는 동반이자 수호신으로 고양이가 등장한다는 것입니다.

이집트의 경우 검은 고양이 모습을 하고 있는 여신 '바스테트(Bastet)'는 가족과 가정의 수호신이었고, 로마에서도 고양이가 가정의 화목과 안전을 보장해 줄 것이라고 믿었습니다. 일본에서는 고토쿠지(豪德寺)의 수호신이자 행운과 복, 손님을 부르는 고양이 '마네키네코(招き猫)'가 있으며 중국의 고양이 신 '이수(李守)'는 밤의 악령을 막는 신으로 전해지고 있습니다.

이에 반해 우리나라의 경우 이처럼 고양이가 사람의 동반자이자 수호신으로 등장하는 경우는 매우 드문 일입니다. 때문에 여성의 죽음과 함께 사라진 이 고양이 수호신은 어쩌면 조선 중기 함께 열악한 지위로 전락해 버린 여성과 고양이의 신세를 대변해 주는 것만 같습니다.

3) 개와 고양이의 구슬 다툼

마지막으로는 '고양이의 보은'에 관련된 설화를 이야기해 보려고 합니다. 앞선 하성(霞城) 전설에서도 자신을 애지중지 돌봐준 것에 대한 은혜 갚음이라는 '고양이의 보은'의 모습을 엿볼 수 있지요. '고양이 보은'을 담고 있는 우리에게 잘 알려진 이야기가 바로 '견묘쟁주(犬猫爭珠)' 즉 '개와 고양이의 구슬 다툼' 이야기입니다.

이야기의 줄거리를 말하자면 대략 이러합니다.
가난한 어부가 어렵게 살고 있었습니다. 어느 날 그는 겨우 잉어 한 마리를 잡았는데 눈물을 흘리는 것을 보고는 놓아주게 됩니다. 그런데 다음 날 어부에게 한 소년이 나타나 절을 하며 자신은 전날 놓아 준 잉어라며 자신은 용왕의 아들이라고 말하는 게 아니겠어요. 그리고 그 은혜에 보답하고자 어부를 용궁으로 초대하였고 이후 어부는 용왕의 대접을 받고 보배 구슬을 얻어 큰 부자가 됩니다. 바로 그 때 소식을 들은 이웃 마을 노파가 찾아와서, 다른 구슬과 바꿔치기하여 보배 구슬을 가져갑니다. 그 후 어부의 집은 다시 가난해지고 맙니다. 어부가 기르던 개와 고양이는 은혜를 갚으려고 노파의 집에 찾아가서, 그 집에 사는 쥐를 위협해 구슬을 되찾았고 돌아오면서 강을 건널 때 개는 헤엄을 치고 고양이는 개에 업혀 구슬을 물고 있었는데, 개가 구슬을 잘 가지고 있느냐고 자꾸 묻자, 고양이는 대답하다가 구슬을 물에 빠뜨리고 맙니다. 이 일로 서로 다투다 개는 먼저 집으로 가고, 고양이는 강에서 물고기를 잡아먹다가 그 속에서 구슬을 찾아 주인에게 돌아갔습니다. 주인이 고양이를 우대하고 개를 박대하여 그 뒤로 둘의 사이가 나빠지게 되었다고 전해집니다.[57]

---

[57] 『한국민속대백과사전』「개와 고양이의 구슬 다툼」

고양이에 관한 몇 가지 진실

　이 이야기는 잉어가 목숨을 살려준 대가로 용궁의 보물을 주고, 개와 고양이가 주인의 은혜를 갚으려고 보물을 되찾아 온다는 점에서 '동물 보은담'의 성격을 지니고 있으며 또한 고양이와 개가 사이가 나빠진 유래를 이야기한다는 점에서는 '동물 유래담'의 성격도 보여주고 있지요.

　보통 전반부는 구슬 획득의 과정이 나오고, 후반부는 개와 고양이가 그 구슬을 되찾아 오는 과정을 다루고 있지요. 내용은 거의 다르지 않지만 다른 지역 전승에는 '구렁이를 죽이고 얻었다거나 뱀을 구해주었더니 구슬을 주었다.'는 내용도 있고 노파가 아니라 도적이 훔쳐갔다고 하는 등 여러 가지 버전이 존재합니다.[58]

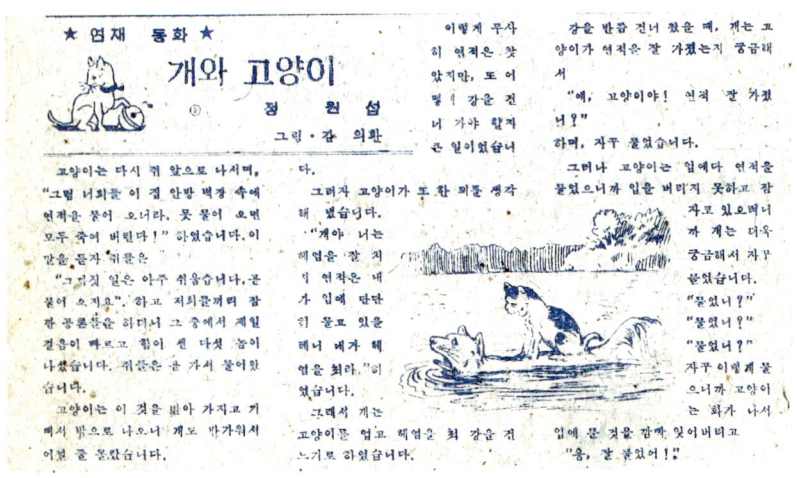

[사진 34] 어린이신문 1947년 04월 12일 신연재동화 개와 고양이 삽화 中

---

[58] 오윤선, 『한국설화 영역본(英譯本)의 현황과 특징 일고찰-<견묘쟁주설화(犬猫爭珠說話)>를 중심으로』 (2011) p219~220

그런데 다른 설화와는 달리 '견묘쟁주'의 설화는 우리나라만 존재하는 고유의 설화는 아닙니다. '인도네시아의 서세람섬'에는 「개, 고양이, 뱀 그리고 마법의 반지」라는 이야기가 전해져 내려오고 있습니다. 개, 고양이, 뱀, 쥐 등 등장하는 동물들이 보물을 얻고 도둑을 당하고 이를 개와 고양이가 찾아온다는 구조가 '견묘쟁주(犬猫爭珠)' 이야기와 매우 닮아있습니다. 이렇듯 '견묘쟁주'의 설화는 우리나라뿐만 아니라 비슷한 구조의 이야기들이 아시아 · 유럽 · 아프리카 · 북미 · 남미에 걸쳐 전 세계적으로 다양하게 나타나고 있지요.[59]

현재로서는 이와 비슷한 이야기가 부리아트족(Buriat;바이칼호 동부에 있는 몽골족)에게도 있었다는 점에서 몽골이 대제국을 설립하여 유럽에서 아시아 전역을 통치하던 시기 몽골의 원형 설화가 전 세계 각지로 퍼져 갔으며 몽골과 밀접한 외교관계를 맺고 있었던 우리나라 역시 몽골의 문화가 유입되면서 설화도 함께 들어온 것으로 추측되고 있습니다.[60]

---

[59] 『한국민속대백과사전』「개와 고양이의 구슬 다툼」
[60] 『파스칼 세계대백과사전』「견묘보주탈 설화」

고양이가
생겨난 이야기

옛날 어느 곳에 금슬 좋은 내외가 살고 있었습니다. 원앙 같은 한 쌍이었으나 아기가 없어 언제나 아기 갖는 것이 소원이었지요.
어느 날 이 집 문 앞에 나이 많은 스님이 시주를 왔습니다. 아내가 밖에 나와 보니 스님의 모습이 아주 도(道)가 높은 스님같이 보여서 안으로 청했습니다. 아내는 스님에게 남편과 함께 아기를 점지 받을 방법을 묻고 듬뿍 시주를 하였지요.

스님은 한참 동안 두 내외의 얼굴을 뜯어보더니 곧 아기를 갖게 될 것이나 아깝게도 열일곱 살이 되면 죽게 될 것이라며 돌아서 나가려 하였습니다. 두 내외는 황급히 도사의 옷자락을 붙들고 죽음을 면하는 방법을 가르쳐 달라고 애원하였고 망설이던 스님은 이윽고 이렇게 말하였습니다.

"아기가 열일곱 살이 되기 전, 열여섯이 되면 먼 길을 떠나보내되 노자는 한 푼도 주지 말고 빈손으로 보내시오. 그리고 어떤 외딴 길에서 물 항아리를 머리에 이고 가는 아가씨를 만나면 놓치지 말고 그 뒤를 따르게 하시오."

두 내외는 얼마 후 스님의 말대로 잉태를 하였고 옥동자를 낳았습니다. 이 아이가 열여섯 살이 되자 그들은 사연을 말하고 길을 떠나도록 하면서 외딴 길에서 물동이를 인 여자의 뒤를 따라가라는 말을 거듭 되풀이

하였지요. 아들은 정처도 없이 걷고 또 걷고 날마다 걷기만 하였습니다.

그러다 어느 날 산기슭의 외딴 길에 접어들었을 때, 앞에서 예쁘게 생긴 젊은 여자가 물동이를 머리에 이고 이쪽으로 걸어오고 있는 것이었습니다. 아들은 부모님이 하신 말씀이 생각나 기뻐 어쩔 줄을 모르다가 정신을 차리고 젊은 여자의 뒤를 따랐습니다. 여자는 산을 넘고 고개를 넘어가면서도 쉬거나 뒤돌아보는 일이 없었습니다. 아들은 멀찌감치 뒤에서 여자를 따라갔지요.

해는 지려고 산봉우리에 걸려 있을 무렵, 마침내 어느 골짜기에 이르렀습니다. 거기에는 이상한 집 한 채가 있었고 앞서 걷던 물동이를 인 여자는 그 집 안으로 들어갔습니다. 아들은 집 앞에 서서 소리 쳤습니다.

"주인어른 계시오?
길을 잃은 길손인데 하룻밤 묵고 가게 해주시오."

집안에서는 호호 할머니가 나왔습니다. 할머니는 아들을 안에 들여 방 하나를 내 주었지요. 방에 들어선 아들은 얼마 있다 피곤을 못 이겨 잠에 곯아떨어졌습니다.

얼마를 잤을까 아들은 요란한 소리에 잠이 깼습니다. 잠을 깨운 요란한 소리는 바로 집 마당에서 호랑이 두 마리가 어흥 거리며 싸우고 있는 소리였습니다. 간이 콩알만 해졌지만, 그래도 문틈으로 호랑이의 싸움을 내다보았습니다. 호랑이의 울부짖는 소리는 더욱 커지고 싸움은 한층 치열해졌습니다. 그러다 마침내 한 마리의 호랑이는 땅에 쓰러지고 싸움에 이긴 호랑이는 하늘을 향해 한번 포효하더니 젊은 아가씨로 변해 버렸습니다. 이 두 호랑이는 원래 백 년 묵은 호랑이가 사람으로 환생하려고 하나는 늙은 할머니로 변신을 하고, 다른 하나는 젊은 색시로 변신하여 사람이 되기를 기다리고 있었던 것입니다. 그런데 웬 청년이 집으로 왔으므로 할머니로 변신한 천성이 포악한 호랑이가 이를 잡아먹으려 하였던 것이지요. 색시로 변신한 마음씨 착한 호랑이가 이를 말리자 두 호랑이 사이에 싸움이 시작되었던 것입니다.

길 떠난 아들이 쫓아간 젊은 여자와 방에 들도록 한 늙은 할머니는 모두 변신한 호랑이였던 겁니다. 결국 이렇게 사람의 목숨을 살리는 착한 일을 하였기 때문에 색시로 변신했던 호랑이는 사람으로 환생할 수 있었습니다. 또한 이 호랑이 때문에 열일곱에 호환을 당할 운명으로 태어난 아들은 이래서 요절할 운명을 떨쳐버리고 사람으로 환생한 색시와 혼인하게 되었지요. 그 후 이들 젊은 내외는 아이를 여럿 낳았는데 반은 사람이요, 반은 호랑이를 낳았답니다.

호랑이로 태어난 것은 자라서도 몸집이 크지 않고 조그만 호랑이가 되었으며, 산에 가지 않고 사람을 잘 따랐습니다. 이 조그마하고 사람을 잘 따르는 호랑이를 사람들은 고양이라 불렀습니다.

— 문화콘텐츠닷컴 「고양이가 생겨난 이야기」
원전 출처: 『제천 · 제원사(堤川 · 堤原史)』 —

우리나라 역사 속 고양이 이야기

우리나라 고양이 수난의 역사(1)

『성종실록』 성종(成宗) 25년(1494) 1월 9일 조에는 묘피(猫皮) 즉 고양이 가죽에 대한 일화가 다음과 같이 기록되어 있습니다.

특진관(特進官) 정문형(鄭文炯)이 아뢰기를, "의금부(義禁府)의 죄수에 묘피(猫皮)의 일 때문에 갇힌 자가 매우 많습니다. 이것은 반드시 교활한 자의 소행일것이니, 관리(官吏)가 어떻게 알았겠습니까? 사람들이 모두 말하기를, '실정(實情)을 밝히기 어려울 것이다.'합니다."

묘피의 일 때문에 갇힌 자가 많다...
여기서 묘피의 일이란 고양이의 가죽을 삶의 가죽이라고 속여 바친

우리나라 고양이 수난의 역사 (1)

일을 말합니다. 이에 성종 임금은 '고양이와 삵은 쉽사리 구분할 수 있는데, 관리(官吏)가 어떻게 알지 못하였겠는가? 만약 처음부터 알고서 바쳤다면 이것은 윗사람을 속인 것이라 할 수 있고, 알지 못하고 바쳤다 하더라도 또한 매우 옳지 못한 것이다. 그래서 내가 끝까지 추국(推鞫)하여 죄를 다스리려고 한다.'고 하였지요. 이어 다시 승지(承旨)들에게 '승정원에서도 이를 분별하지 못하겠는가?'라고 묻자 좌부승지(左副承旨) 권경우(權景祐)가 대답하기를 '묘피(猫皮)를 따로 두고 본다면, 분별할 수 있겠지만, 만약 섞어 놓는다면 그 빛깔이 혼잡해서 분별할 수 없습니다.'라고 답하고 좌의정이었던 노사신(盧思愼) 역시 일이 사소한 것이므로 벌하지 말 것을 주청합니다. 그러자 성종 임금 역시 이 의견들을 받아들여 이들을 처벌하지 않았습니다.

사실 이 기록은 '고양이 가죽'에 대한 처벌이 아니라 관원들이 이를 삵의 가죽으로 속여 바친 것에 대한 처벌로 보아야 합니다.

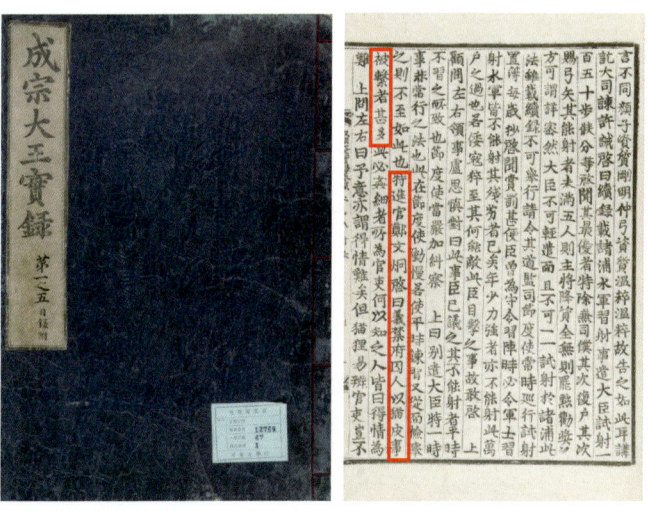

[사진 35] 《성종실록》 성종(成宗) 25년(1495) 1월 9일 묘피에 관한 기록〉

105

이 이후 묘피(猫皮)에 관해 처벌을 받았다는 기록은 보이지 않습니다. 오히려 『명종실록』 명종 8년(1553) 9월 18일의 기록을 보면 사헌부가 입자(笠子) 즉 갓의 재료에 차등을 둘 것을 고하여 임금이 이를 윤허하였는데 이때 공상(工商)과 천민, 노예의 갓 재료로 산양 가죽 개의 가죽, 토끼 가죽 등과 함께 고양이 가죽을 언급하고 있는 것을 보면 '고양이 가죽'의 사용이 공식적으로 허용되었음을 보여줍니다.

가죽과 관련된 고양이의 수난은 비단 조선의 문제만은 아니었습니다. 『고려사(高麗史)』에는 다음과 같은 기록이 등장합니다.

중랑장 조침(趙琛)을 원(元)에 파견하여 제주의 토산물과 저포(苧布) 100필, 목의(木衣) 40벌, 포(脯) 6상자, 오소리 가죽 76장, 들고양이 가죽(野猫皮) 83장, 누런 고양이 가죽(黃猫皮) 200장, 고라니 가죽 400장, 말안장 5벌 을 바치게 하였다.

— 『고려사(高麗史)』 충렬왕(忠烈王) 21년(1295) 윤4월 26일 —

충렬왕 때 원나라에 고양이 가죽을 조공으로 바쳤다는 기록으로 여기서 말하는 야묘(夜猫)는 '들고양이'라기 보다는 '삵'이라고 보는 것이 더 맞을 것 같습니다. 그럼에도 황묘피(黃猫皮) 200장을 보냈다고 하니 고양이가 그 보드라운 털가죽으로 인해 일찍부터 수난을 당했음은 미루어 짐작해 볼 수 있습니다.

다만 고려 시대에서 고양이 가죽에 대해 언급된 공식적인 기록은 이 기록 하나뿐인 것을 볼 때 조선 시대처럼 가죽으로 인한 수난이 극심하지는 않았던 것 같습니다.

우리나라 고양이 수난의 역사(1)

그렇다면 가죽으로 인한 수난이 단지
그 털의 활용 때문이었을까요?

내가 접때 한 번 추석환(秋石丸) 동남동녀의 소변을 받아 정제한 환약을 먹었는데 사방에서 모두 이를 본떴다. 심지어 고양이의 가죽이 담병(痰病)에 좋다는 말을 듣고 나에게 권하는 사람이 있기에 내가 대답하기를, '조선에 남은 것은 고양이뿐인데 내가 한 번 취하면 고양이는 앞으로 남는 것이 없을 것이다.' 하였다. 이것은 작은 일일지라도 위에서 행하면 아래에서 본뜨는 것이 심하다는 것을 알 수 있다.

— 『영조실록』 영조(英祖) 16년(1740) 1월 25일 —

담병이란 말 그대로 담(痰)으로 인해 생기는 병증입니다. 그런데 고양이 가죽이 이 병에 효험이 있다는 말이 있어 의원들이 영조 임금에게 이 처방을 권한 것입니다. 그러나 영조 임금은 이를 단호히 거절합니다. 영조 임금은 윗사람이 행하면 아랫사람들이 이를 모방하는 일이 많으니 그리 처방하면, 그렇지않아도 귀한 고양이가 남아나지 않을 것이라는 이유를 들어 말하고 있지만 여기에는 또 다른 이유가 숨겨져 있습니다.

고양이를 처방하려 한 이 일화는 같은 책 영조 13년(1737) 5월 24일에도 기록되어 있습니다.

부제조(副提調)였던 유엄(柳儼)이 고양이 가죽이 팔 아픈데 이롭다고 하여 임금에게 시험해 보도록 권하자 영조 임금은 "내 일찍이 여러 마리의 고양이가 궁궐 담장 사이를 왕래하는 것을 보았는데 차마 그 가죽으로 병을 치료하는 데 쓰지는 못하겠으니, 이 역시 포주(庖廚)를 멀리하는 마음이다."라고 말하며 그가 여러 번 청하였으나 끝내 허락하지 않았다고 합니다.

여기서 '포주'는 '푸줏간'의 원말로 '소나 돼지 등을 잡아서 파는 가게'를 말합니다.

영조 임금이 이처럼 고양이에 대해 마음을 쓴 이유는 어진 마음도 있었겠으나 그의 고백처럼 어릴 적 고양이가 궁궐에 드나드는 것을 자주 보아 왔기때문입니다. 나중에 다시 자세히 이야기하겠지만 사실 영조 임금의 아버지였던 숙종 임금은 대단한 애묘가였습니다.

위 기록들에서 알 수 있듯 고양이가 각종 병증에 효험이 있다는 생각은 널리 퍼져있었습니다. 이와 관련해서는 조선 시대 발행된 각종 의서들에서도 그 흔적을 찾아볼 수 있습니다.

골증(骨蒸)을 치료하는 약재 - 검은 고양이(黑猫)의 생간(生肝)을 가루 내어, 월초 오경(五更:오전 3시~오전 5시)에 빈속 상태에서 술에 타서 복용한다.
— 『의림촬요(醫林撮要)』 제5권 노극문(勞極門) —

가리(家狸) 즉 고양이는 묘(猫)라 하며 이노(狸奴)라고도 한다. 성질이 약간 차고 맛이 달며 시며 노채, 골증열, 담이 성한 것과 치루를 치료하는 데 국을 끓여서 빈속에 먹는다. 빛이 검은 것이 더 좋다.
— 『동의보감(東醫寶鑑)』「입문(入門)」 —

우리나라 고양이 수난의 역사 (1)

이렇듯 조선 시대 권위를 가지고 있었던 『의림촬요』와 『동의보감』에서 공통으로 골증(骨蒸)에 대한 처방으로 고양이를 언급하고 있습니다. 비록 의서에 기록되어 있다고는 하지만 고양이를 약재로 쓰는 행위는 조선 후기에 이르러서야 나타난 듯합니다. 이익은 『성호사설』 「가리(家狸)」편에서 "요즈음 사람들은 이 가리의 고기를 약으로 쓰는데, 가슴과 뱃속에서 생기는 모든 담증(痰症)을 치료하니, 이는 옛날에는 없었고 지금 생긴 묘방(妙方)이라는 것이다."라고 말하고 있기 때문입니다. 그런데 이 두 의서에 말하는 '골증'이란 엄밀히 말하면 골다공증과 같은 뼈 관련 질환이 아니라 폐와 신장 등의 질환을 원인으로 뼈가 후끈거리고 몹시 쑤시는 증상을 말합니다.[61] 그러니 뼈와 직접 관련이 없는 병인 것이지요. 하지만 골증을 곧 골다공증과 연결시킨 이 오해는 조선 후기 널리 퍼진 듯합니다.

대한제국 시기 궁궐과 관청에 그릇을 납품하던 공인(工人) 지규식(池圭植)이 쓴 『하재일기(荷齋日記)』 1906년 12월 8일자 일기에 "내가 견비통 때문에 고양이 가죽을 쓰려고 운루 뒤꼍(後庭)에 덫을 놓았더니 밤이 깊은 뒤 큰 고양이 한 마리가 덫에 걸려 잡았다."는 말이 이를 뒷받침합니다. 그리고 그러한 그릇된 믿음은 오늘날까지 이어져 내려와 '고양이탕'이라는 이름으로 고양이가 희생당하는 일이 생기고 있습니다.

이에 대해 현재 '대한류마티스학회'에서는 고양이는 관절염에 전혀 효능이 없을 뿐만 아니라 오히려 콜레스테롤 수치를 높이고 특히 길고양이의 경우 기생충이나 바이러스 병균 등 감염 우려가 높아 자칫

---

[61] 『표준국어대사전』 <한의학> 「골증열」

우리나라 역사 속 고양이 이야기

근육 퇴화나 간질, 경련, 마비 등을 일으킬 수 있다며 고양이를 절대 약용으로 사용하지 말 것을 경고하고 있습니다.[62]

> 『동의보감(東醫寶鑑)』에는 이밖에도 다음과 같은 고양이와 관련된 처방이 기록되어 있습니다.

* 고양이간(猫肝)
노채충을 죽인다. 검은 고양이의 간을 날것으로 볕에 말려서 가루를 내어 월초 새벽 빈속에 데운 술에 타 먹는다.

*고양이머리뼈(猫頭骨)
효천으로 잠을 잘 자지 못하는 것을 치료한다. 고양이머리뼈를 태워 가루 내어 한 번에 2돈(8g)씩 데운 술에 타서 먹으면 곧 멎는다.

난산을 치료하며 아이를 빨리 낳게 하는데 아주 잘 듣는다. 고양이머리뼈와 토끼머리뼈 각각 1개를 불에 태워 가루 낸 다음 한 번에 2돈(8g)씩 궁귀탕 달인 물에 타 먹으면 곧 아이를 낳는다. 삵머리뼈가 더욱 좋다.

*고양이털(猫兒毛)
허로를 겸한 유옹으로 젖몸이 헤져서 속이 들여다보이는 것을 치료한다. 고양이의 배 밑 털을 약성이 남게 태워 가루를 낸 것에 경분을 조금 넣고 참기름에 개어 바른다.

*고양이태(猫胎衣)
반위증을 치료한다. 고양이태를 그늘에서 말린 다음 태워 가루내서 술에

---

[62] 머니투데이. 2016.01.15. 「동의보감에 나온 고양이, 뼈에 아무런 효과 없습니다.」

타 먹으면 효과가 아주 좋다. 고양이가 새끼를 낳을 때 빨리 빼앗지 않으면 고양이가 그것을 먹어 버린다.

'대한한의사협회' 또한 약재로 쓰이려면 약전이나 규격집에 등재돼야 하는데, 고양이는 어느 곳에도 등재돼 있지 않으며 이 방법은 굉장히 위험하고 과학적으로도 입증이 않았다는 입장을 분명히 밝히고 있습니다.[63]

참고로 묘피(猫皮)에 대해 『하재일기(荷齋日記)』 1897년 1월 15일자에는 '표지(册衣)를 갖춘 촉묘피(蜀猫皮) 토시(吐手) 1건을 30냥에 사서 입었다.'는 이야기가 쓰여 있습니다. 여기서 촉묘피(蜀猫皮)란 아주 하얀 모피 즉 흔히, 옥토끼나 고양이의 털가죽을 이르는 말입니다. 또한 1906년 일제가 작성한 통감부 문서에도 청나라와 한국의 무역 세목에 묘피(猫皮)가 포함되어 있는데 『통감부문서(統監府文書)』 2권 「청한국경무역관계서류(淸韓國境貿易關係書類)」을 보면 조선 시대 내내 묘피가 통용되었음을 보여줍니다.

이는 비단 조선시대까지만 일어난 일은 아닙니다.
일제강점기에도 묘피를 수달피로 속여 팔기도 하였다는 기사(동아일보 1926년 12월 20일)가 보이기 때문입니다. 이와 같은 수난은 현대까지 이어집니다.

1962년 고양이 가죽이 일본으로 수출되기 시작하였습니다.
첫 수출량은 5백매로 값은 1장 당 1달러 40센트였다고 합니다. (경

---

[63] CBS 노컷뉴스. 2015.05.22 「고양이탕 수요가 이렇게 많을 줄이야.」

향신문 1962년 4월 24일) 이후 고양이 가죽 수출은 1980년대 초반까지 이어집니다. 심지어 이를 위해 1960년대는 통영군에서는 독립된 섬 하나를 고양이 사육단지로 선정, 수출용과 식육용, 애완용으로 구분, 사육하여 해외에까지 판로를 개척하기도 하였습니다.

그리고 이때 수출된 고양이 가죽은 일본의 고유 악기인 샤미센(三味線) 재료로 쓰였다고 합니다.[64]

[사진 36] 일본의 전통 악기 샤미센(三味線)을 연주하는 여인-전통적으로 고양이 가죽을 사용해 만들며 최근에는 인공가죽을 개발해 판매 중이라고 한다. 출처-위키백과

---

[64] 한겨레21. 제1189호[2017.11.30.] 「그 많던 '욕지도 고양이'는 어디로 갔을까」

조선왕조실록에서의
고양이

『조선왕조실록』과 여러 문집들의 '고양이' 관련 기록을 보면 대부분이 "고양이를 기르는 집에는 쥐가 마음대로 돌아다니지 못한다." "고양이로 고양이를 바꾼 격이다." "쥐가 없다고 하여 쥐를 잡지 못하는 고양이를 기를 수 없다." 등의 격언이나 속담 등을 인용한 문장입니다.

한편 『조선왕조실록』에는 '기형 고양이'에 관한 기록이 많이 남아 있는데 고래로 기형의 동물이 태어난다는 것은 대부분 불길한 일로 여겼기 때문에 이에 대한 일을 남긴 것으로 보입니다.

〈조선왕조실록에 기록된 기형 고양이 관련 내용〉

날 짜	내 용
중종 11년(1516) 6월 19일	영흥(永興)의 관비(官婢) 성금(性今)의 집에서 기르는 고양이가 등 위와 배 아래에 각각 네발이 달린 새끼를 낳았는데 어미와 새끼가 함께 죽었다.
명종 10년(1555) 5월 27일	경상도 영덕현(盈德縣)에서 아전의 집 고양이가 새끼를 낳았는데, 몸뚱이는 하나고 머리는 둘이었다. 얼굴·코·눈·입이 모두 갖추어졌는데 왼쪽 입은 제대로 울어 소리가 나오고 오른쪽 입은 벌렸다 오므렸다만 할 뿐이었다.
인조 27년(1649) 4월 13일	경상도 흥해군(興海郡)에서 고양이가 한 몸통에 머리가 둘인 새끼를 낳았다.
효종 6년(1655) 4월 25일	경기 가평군(加平郡)에서 고양이가 새끼를 낳았는데, 머리 하나에 몸이 둘이고 꼬리가 둘이며 앞다리가 둘이고 뒷다리가 넷이며 또 다리 하나가 두 등 사이에 거꾸로 나와 있었다.

우리나라 선사시대에도 고양이가?

날 짜	내 용
숙종 4년(1678) 5월 30일	홍천(洪川) 땅에서 고양이가 새끼를 낳았는데, 한 개의 머리에 두 개의 몸통이었고 여덟 개의 발에 두 개의 꼬리가 있었다.
숙종 9년(1683) 6월 26일	동부(東部) 연지동(蓮池洞) 인가(人家)에서 고양이가 새끼를 낳았는데, 다리는 희고 몸은 검었으며, 몸뚱이·목이 하나에 머리가 둘, 눈이 넷, 코 둘, 입 둘, 귀 둘, 꼬리는 하나였다.
숙종 10년(1684) 2월 26일	동부(東部) 연지방(蓮池坊)의 민가에서 두 머리에 네 눈에 두 코에 두 입에 두 귀인 고양이 새끼가 나서 곧 죽었다.

우리나라 고양이 수난의 역사(2)

어느 시골에 부부와 어린 아들이 살고 있었다. 아내는 시집오기 전부터 친정에서 기르던 개 '술이'와 고양이 '나비'를 데리고 와서 살고 있었다. 그런데 어느 날 고양이가 밥솥을 뛰어넘고, 개는 밥을 담아 들고 가는 아내의 팔을 쳐 밥을 바닥에 쏟아지게 한다. 이 일로 화가 난 남편은 개를 때려 불구를 만들어 내쫓는다. 한편 때마침 남편의 형이 집에 찾아오고 남편은 그에게 고양이를 넘긴다. 고양이를 고아 먹으면 몸에 좋다는 말을 들은 남편의 형은 그날 밤 솥에 물을 펄펄 끓이고 잡으려다가 고양이의 공격을 받아 부엌에서 급사하고 고양이는 달아난다.

다음 날 형이 죽은 것을 알게 된 남자는 고양이를 낫으로 죽인다. 그리고 얼마 후 아버지가 고양이를 죽인 장면을 목격한 아들이 이상한 행동을 하기 시작한다. 천장에 붙어 있으며 고양이 울음소리를 내니 부부는 진혼굿을 해 보았지만 고양이의 한은 풀어지지 않는다.

그리고 어느 날 스님은 집에서 쫓겨난 개를 만나게 되고 그 개를 따라 그 집에 이르게 된다. 부부를 만난 스님은 사연을 듣고 "인간은 삼라만상이 자기를 중심으로 돌아가는 줄 알고 있으나 사실 인간도 미물에 불과하니 고양이에게는 필시 우리가 알지 못하는 이유가 있었을 것."이라고 말한다. 그리고는 사건이 있었던 부엌에 들어가 보니 지붕에는 100년 묵은 지네의 시체가 있었고 개와 고양이가 소동을 피웠던 그 날은 지네가 죽기 직전 뿜어낸 독이 새어나와 밥솥에 떨어진 날이었다. 개와 고양이는 자기들을 보살펴준 사람들을 살리려고 한 일인데 도리어 오해만 받아 개는 집에서 쫓겨나고 고양이는 더 큰 화를 당한 것이었다.
이어 스님이 말하길 "개란 짐승은 천성이 선하고 우직하기 때문에 주인을 향한 마음은 변함이 없지만 고양이는 그렇지 않아서 한 번 마음에 한을 품으면 반드시 복수를 하고야 마는 짐승입니다."라고 하였다. 그리고 방책으로 술이에게 기름진 음식을 먹여 힘을 북돋운 후 고양이의 혼과 싸워 물리치는 것뿐이라고 일러주고 떠난다.

그 날 밤, 부부가 닭 세 마리를 고아 술이에게 먹이고 늦은 밤 고양이의 혼이 찾아오자 목숨을 건 사투를 벌여 마침내 물리친다. 그러나 싸움 도중 등불이 넘어져 집은 불에 타고 불타는 집으로 다시 뛰어들어가 아이를 구해낸 후 개는 끝내 목숨을 잃는다.

우리나라 고양이 수난의 역사(2)

보통 설화는 명징한 기록문학과는 달리 오랜 세월 동안 전승된 구비문학으로서 웃음거리와 심심파적에 불과한 이야기라는 생각 때문에 소홀히 다루어지기 일쑤입니다. 하지만 그 안에는 당대 민중들의 인식과 사고방식이 고스란히 배어 있기 때문에 문화에 있어서 소중히 다루어야 할 영역으로 여겨지고 있습니다. 그 설화를 바탕으로 드라마화하여 만들어진 대표적인 TV 프로그램이 바로 우리가 잘 아는 '전설의 고향'입니다.

1977년 시작되어 1989년까지 12년간 큰 사랑을 받으며 방영되었고 이후에도 1996년부터는 특집의 형태로 방영되었지요. 이 전설의 고향에서 활용된 단골 소재 중에 하나가 바로 고양이와 관련된 설화였습니다. 위의 이야기는 1998년 7월 6일 그 해 첫 회로 방영되었던 '묘곡성(猫哭聲)'이란 제목의 이야기입니다.

경상북도 경주시 안강 마을에 전해져 내려오는 전설을 기반으로 만들어졌으며 인간에게 원한을 품고 죽은 고양이의 원귀에 맞서 싸우다가 주인 대신 죽어 간 검둥개에 관한 이야기를 들려주고 있지요. '고양이의 무서운 복수'를 소재로 한 이 이야기는 고양이에 대한 당시 사람들의 인식을 고스란히 보여줍니다.

이 드라마 속에는 '고양이를 고아 먹으면 몸에 좋다.'는 말에서부터 '고양이는 요물'이며 '한을 품으면 반드시 복수'를 하는 공포의 존재로 그려지고 있습니다. 즉 고려 말까지 '사람과 가장 친했던 고양이'가 어느덧 사람으로부터 멀어져 공포의 존재가 되어 버린 것이지요.

우리나라 역사 속 고양이 이야기

　고양이의 진짜 수난은 '묘피'나 '약재'와 같은 몸뚱이에 관한 것이 아니라 이처럼 고양이에 대한 인식이 부정적으로 변모하면서 생겨난 것입니다.

　조선 후기 실학자인 이덕무(李德懋:1741~1793)는 『이목구심서(耳目口心書)』에서 "고양이(烏圓)는 어두운 밤이 되면 불빛처럼 번쩍이고 음성의 동물로 음에 이르러야 밝음으로 통한다."라고 하였고, 이유원(李裕元:1814~1888) 역시 『가오고략(嘉梧藁略)』에서 "고양이는 음성의 동물이라. 결코 길한 동물이 아니다."라고 말하고 있습니다.

　이렇듯 이 시기 사람들은 고양이를 음성(陰性)의 동물로 여기기 시작합니다. 고양이의 눈동자는 어두운 밤에 달처럼 둥글게 되고 밝은 낮에는 가늘어지는데 이러한 고양이의 모습을 본 사람들은 고양이를 '재앙', '재난', '죽음' 등과 연관시키기에 이릅니다.[65] 이에 따라 "고양이가 지붕 마루에 앉으면 재수가 없다.", "고양이가 방고래에 들어가면 시체가 거꾸로 선다." 등의 말들이 만들어졌지요. 그리고 이와 같은 인식을 기반으로 일부지역에서는 사람이 죽으면 고양이가 들어갈 수 없게 우선 굴뚝 구멍부터 막는 풍습까지 생겨났습니다.[66]

　사실, '묘곡성'의 이야기처럼 은혜를 모르는 고양이가 죽음 후에도 원한에 되어 돌아와 사람을 해치려 했으나 개의 도움으로 위기를 막아냈다는 「충남 예산_서낭나무전설」, 등을 맞은 고양이는 '살쾡이'로 변해 복수를 하러 찾아왔으나 현명한 며느리의 지혜로 이를 물리쳤다

---

[65] 『한국향토문화전자대전』「청소년 집단의 일상생활 관련 예조」
[66] 『한국향토문화전자대전』「상가집에서 고양이를 없애는 유래」

는 내용의 「제주_현명한 며느리」 설화[67]처럼 '고양이의 무서운 복수'라는 소재를 가진 설화는 약간의 변주를 이루며 전국에서 이야기되고 있습니다. 그런데 여기서 주목할 것은 그 고양이와 대립하는 동물로 '개'가 등장한다는 사실입니다.

이익(李瀷:1681~1764)의 『성호사설(星湖僿說)』 「금묘(金猫)」편을 보면 "개와 말도 주인을 생각한다.'는 말은 옛적부터 있지만, 고양이란 성질이 매우 사나운 것이므로, 비록 여러 해를 길들여 친하게 만들었다 해도, 하루아침만 제 비위에 틀리면 갑자기 주인도 아는 체하지 않고 가버린다."라고 기록되어 있습니다.

앞선 이야기에서 "개란 짐승은 천성이 선하고 우직하기 때문에 주인을 향한 마음은 변함이 없으나 고양이는 그렇지 않다."는 스님의 대사가 바로 이와 같은 인식에 기초하고 있음을 알 수 있습니다. 그리고 자유분방한 고양이와 대비되어 유교 사회에서 충성심 강한 존재였던 '개'가 매우 특별한 존재로 여겨졌음을 보여줍니다. 이렇듯 고양이의 위치가 변하게 된 이유는 왕조교체와 관련이 깊은 것으로 보입니다. 즉 성리학을 국가 이념으로 삼았던 조선 시대에 접어들며 불교의 상징과도 같았던 고양이는 본격적인 수난을 당하기 시작한 것이지요.

이미 잠시 살펴보았듯 15세기 인물인 서거정의 『사가집』 「고양이의 그림」에 "곳곳마다 사람들이 다 보호하거니 집집마다 길러도 해롭지 않고말고"라는 대목을 통해 조선 초기까지만 하여도 고양이에 대한 인식이 나쁘지 않았을 뿐만 아니라 오히려 좋았음을 알 수 있습니

---

[67] 『한국향토문화전자대전』, 「충남 예산_서낭나무전설」, 「제주_현명한 며느리」

다. 그러나 성리학이 완전히 자리 잡게 되는 16세기에 이르면서 상황이 달라집니다. 이와 같은 인식의 변화는 이익의 『성호사설』 「이진난퇴(易進難退)」 일화에서 잘 드러납니다.

> 퇴계 선생이 물러가는 데만 마음을 두어 겨우 이르면 곧 돌아오니 당시에 자못 떠도는 비방이 있었다. 그러자 선생이 남에게 회답한 글에, "이적·금수의 비방이다."라는 말이 있었다. 대개 남시보(南時甫)는 자기만 위하는 학문이라고 칭하였으니, 자기만 위하는 것은 불씨(佛氏)이고 이상(李相) 동고(東皐)는 산고양이(山猫)라고 칭하였으니, 길들이기 어려운 것을 조롱한 것이다.

이는 퇴계(退溪) 이황(李滉:1502~1571)을 비방하며 말하길 시보(時甫) 남언경(南彦經:1528~1594)은 '자기만을 위하는 불씨(佛氏:부처)'라 하였고, 동고(東皐) 이준경(李浚慶:1499~1572)은 산고양이라 하였다는 내용이다. 산고양이는 삵을 일컫는 말로 '狸'라는 직접적인 표현이 있음에도 '山猫'라는 단어를 사용한 것이지요. 이를 통해 불교=고양이=부정적인 존재라는 인식이 정착되어 있음을 알 수 있습니다. 특히 사회적 지위가 추락하던 여성과 고양이를 연관 짓기도 하였습니다.

여성도 음성이므로 고양이의 기질을 음험하고 앙칼진 것으로 보아 여성들과 대입시켰던 것이지요. 때문에 옛 선조들은 속에 음침한 마음을 가지며 겉으로는 유들유들한 행실을 일컬어 묘유(猫柔)라고 하였고, 여인의 부드럽고 달콤한 음성, 즉 미성(媚聲)을 묘무성(猫撫聲)이라 말하기도 하였습니다.[68]

---

[68] 『한국민족문화대백과사전』 「고양이」 (참고문헌:한국가축문화사(이규태,축산진흥,1980))

사실 고양이가 간신으로 비유되는 인식은 비단 조선 시대만의 이야기는 아닙니다. 『구당서(舊唐書)』에는 간신 '이의부(李義府)'에 대한 이야기가 열전으로 기록되어 있습니다. 그는 당 태종(太宗) 때 천거로 조정에 들어온 뒤 고종(高宗) 때 재상의 자리에 오른 중이었습니다. 그러나 측천무후(測天武后)가 정권을 잡자 그녀에게 아첨으로 빌붙어 매관매직을 일삼아 많은 이들에게 원성을 사게 되지요. 특히 겉으로는 온화하고 겸손하지만 속은 음험하고 악독하여 웃음 속에 칼이 있다(笑中有刀)말이 곧 그에게서 유래한 말입니다. 그런 간신 이의부를 가리켜 당시 사람들은 '이묘(李猫:이고양이)'라고 불렀다고 합니다. 또한 『고금담개(古今譚槪)』에서는 당나라 현종 때의 간신인 '이임보(李林甫)'를 가리켜 '이묘(李猫)'라 하였다고 하는데 그는 "입으로는 달콤함을 말하나 뱃속에는 칼을 감추고 있다."는 사자성어인 구밀복검(口蜜腹劍)의 주인공이기도 하지요.

조선 시대 유학자들은 이런 의식을 강하게 표출합니다.

특히 『고려사』편찬을 주도했던 조선 유학자들은 간신들과 적신들을 고양이에 비유하기 시작합니다. 『고려사』를 보면 충혜왕(忠惠王:1315~1344) 시절 간신이었던 박인평(朴仁平)을 두고 사람들이 말하기를 '그 사람됨이 고양이 같으니, 왕을 그르치는 자는 반드시 이 사람일 것이다.' 라고[69] 한 바가 있으며 우왕(禑王:1365~1389) 시절의 권신이었던 이인임(李仁任:?~1388)을 두고도 '충성스럽고, 어진 사람을 모함하면서 무고한 사람을 살육했기에 당시 사람들이 그를 이묘(李猫:이고양이)'[70]에 견주었다고 합니다.

---

[69] 『고려사(高麗史)』 권131 열전 권제44 반역(叛逆) 조적(曹頔)
[70] 『고려사(高麗史)』 권126 열전 권제39 간신(姦臣) 이인임(李仁任)

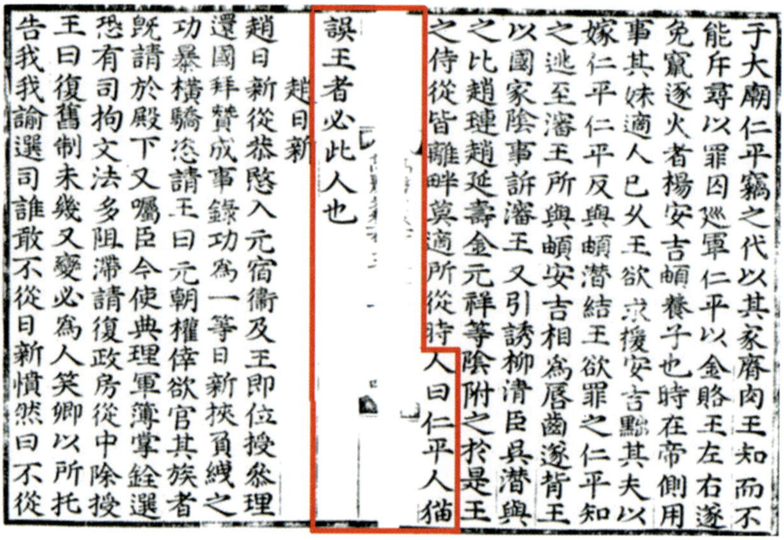
于大廟仁平竊之代以其家脊肉王知而不
能斥尋以罪囚巡軍仁平以金賂王左右遂
免竄逐火者楊安吉頔養子也時在帝側用
事其妹適人已久王欲求援安吉黜其夫以
嫁仁平仁平反與頔潛結王欲罪之仁平知
之逃至瀋王所與頔安吉相為唇齒遂背王
以國家陰事訴瀋王又引誘柳清臣吳潛與
之比趙璉趙延壽金元祥等陰附之於是王
之侍從皆離畔莫適所從時人曰仁平人猫
誤王者必此人也

趙日新

趙日新從恭愍入元宿衛及王即位授參理
還國拜贊成事錄功為一等日新挾負絏之
功暴橫驕恣請王曰元朝權倖欲官其族者
既請於殿下又囑臣令使典理軍簿掌銓選
恐有司拘文法多阻滯請復政房從中除授
王曰復舊制未幾又變必為人笑卿以所托
告我我諭選司誰敢不從日新憤然曰不從

[사진 37] 〈『고려사(高麗史)』 권131 열전 권제44 반역(叛逆) 조적〉

또한 충렬왕과 충숙왕 때까지의 권신 유청신(柳淸臣:?~1329)을 평하며 "임기응변에 능해 권세를 믿고 국권을 농락하여 나라에 해독이 되었다. 당시 묘부곡(猫部曲) 사람이 조정에 벼슬하면 나라가 망한다는 참언이 있었는데, 우리말로 묘(猫)는 고양이(高伊)이다."라고 하며 은근히 간신을 고양이에 연결시키고 있습니다.

조선 시대 이러한 인식이 잘 드러나는 사례를 이긍익(李肯翊:1736~1806)이 지은『연려실기술((燃藜室記述)』에 기록된 선조(宣祖) 때의 한 고사(故事)에서 찾을 수 있습니다.

일찍이 연회가 있어 온 조정의 백관이 모두 갔었는데 오직 산해만이 사고가 있어서 오지 않고 시를 지어 보내고 끝에 아옹(鵝翁)이라는 호를 썼다. 공(정철)이 보고 말하기를, "대감이 오늘은 참으로 자기의 소리를 했군." 하였다. 아옹 두 자의 음이 고양이 소리와 같기 때문이다. 산해가 듣고 크게 유감을 품었다.

- 송강행장 《강상문답》 상신(相臣) -

우리에게 『사미인곡(思美人曲)』과 『관동별곡(關東別曲)』 등으로 잘 알려진 송강(松江) 정철(鄭澈:1536~1593)의 행장(行狀)[71]에 기록된 일화로 동인과 서인으로 나뉘어 붕당정치가 시작되던 선조 시대에 있었던 일이지요.

서인이었던 정철이 연회를 열자 조정의 백관이 모두 참석했지만 동인의 대표적인 인사였던 이산해(李山海:1539~1609)가 일이 있어 연회에 참석하지 못하고 다만 시를 지어 보냈는데 그는 그 끝에 호(號)를 아옹(鵝翁)이라 적은 것입니다. 이는 이산해의 호가 바로 아계(鵝溪)였기 때문에 겸양의 표현인 (늙은이) 옹(翁)을 붙인 것이지만 이를 두고 정철은 '고양이의 울음소리'와 같은 것이라며 그를 힐난하였습니다. 이 말을 들은 이산해가 그에게 유감 즉 앙심을 품게 되었다는 일화에서 정철이 이산해를 고양이에 빗댄 것은 곧 반대 당파였던 그를 간신이라고 힐난한 것으로 이를 모를 리 없는 이산해가 나쁜 감정을 품게 된 것 역시 어쩌면 당연한 일인지도 모릅니다.

일찍이 이륙(李陸:1438~1498)은 『청파집(靑坡集)』 「의견설(義犬說)」에선 "고양이는 그 성질이 편협하여 왕왕 그 새끼까지 잡아먹는

---

[71] 행장은 죽은 사람의 문생이나 친구, 옛날 동료, 아니면 그 아들이 죽은 사람의 세계(世系)·성명·자호·관향(貫鄕)·관작(官爵)·생졸연월·자손록 및 평생의 언행 등을 서술하여 후일 사관(史官)들이 역사를 편찬하는 사료 또는 죽은 사람의 명문(銘文)·만장·비지·전기 등을 제작하는 데에 자료로 제공하려는 것이 기본 목적이다. -『한국대백과사전』「행장」

놈이 있을 정도."라는 문장이 등장하며 위백규(魏伯珪:1727~1798)의 『존재집(存齋集)』「잡저(雜著)」에서도 금수(禽獸)의 성질을 설명하며 "고양이의 본성은 독살스럽다.(猫性毒)"라고 말하고 있습니다. 여기서 독살(毒煞)은 "성품이나 행동이 살기가 있고 악독한 데가 있다."는 의미인바 고양이를 바라보는 시선이 곱지 않았음을 짐작해 볼 수 있습니다.

사실 조선 후기에 이르면 고양이에 대한 부정적인 생각들이 고착화 되면서 널리 퍼지는데 이규경은 『오주연문장전산고』「묘변증설」에 다음과 같이 이르며 고양이에 대해 적대 의식을 드러내고 있습니다.

우리나라의 속담에는 고양이가 막 죽은 시신과 널을 넘어가면 시신과 널이 갑자기 저절로 일어난다고 하고, 고양이를 쪄 죽여 저주하면 재물을 훔치는 도적이 반드시 병에 걸려 죽게 된다고 한다. 또한 고양이 뼈를 묻어서 남을 저주하는 사악한 주술을 부리고 고양이는 사람의 오장육부를 환히 본다고 하는데, 이러한 말은 괴이한 지경에까지 이른 것이다. 때문에 아울러 변증한다. 또한 고양이 성품은 극도로 음흉하고 독살스러워 사람이 쳐서 어쩌다 죽이게 되면 반드시 보복을 하는데 간간이 근거로 삼을 만한 일이 있으니 가까이해서는 안 되는 동물이다.[72]

---

[72] 我東俗言。猫越新死尸及柩。尸與柩忽自起立。且蒸猫詛祝。盜財賊必死病。又以猫骨埋作巫蠱。又猫洞見人臟腑。語涉怪異。故竝辨之。且猫性極爲暗毒。人若打之或殺之。必爲報復。間有可據之蹟。不可近之物也 [해석은 김경, 「朝鮮後期 類書에서의 '고양이' 기록과 그 의미」『Journal of Korean Culture 41』 2018. p311~312)

고양이와 닭
그리고 굶주림의 수난

먹을 것이 많지 않았던 당대 중요한 가축 중 하나가 바로 닭이었습니다. 고기를 쉽게 얻을 수 없었던 당시 닭은 비교적 쉽게 구할 수 있는 육류였을 뿐만 아니라 달걀을 낳아 살림에도 큰 도움이 되었던 것이지요. 그런데 이 닭을 호시탐탐 노리는 존재가 있었으니 곧 고양이였습니다.

고양이를 좋아했던 조선 초기 문신 서거정도 「오원자부」를 통해 고양이가 닭을 노리는 걸로 오해하고 죽이려고 했다고 기록하고 있고 조선 후기의 문신 박문일은 『운양집(雲養集)』을 통해 기르던 닭이 고양이에게 습격당해 아내가 병이 들었다고 말할 정도였습니다. 그런데 이와 관련해 다음의 한 기록은 우리에게 중요한 이야기를 들려주고 있습니다.

> 닭, 고양이, 개, 돼지, 거위, 오리가 한 우리 속에 있지만 서로 괴롭히거나 해치지 않는다. …(중략)… 닭을 기를 때 고양이를 싫어하는 것은 옛날부터 있던 말이다. 지금 우리나라에만 보이고 중국에 보이지 않으니 인사가 세상에 따라 변한다는 말은 이치가 있지만 짐승 같은 성품이 어찌 고금에 차이가 있겠는가. 참으로 알 수 없는 일이다.
> — 『귀암 이원정 연행록(歸巖李元禎燕行錄)』 —

귀암 이원정(李元禎)은 현종 임금 때의 문신으로 현종 11년인 1670년 사신단의 일원으로 중국으로 향합니다. 그리고 그 기행을 기록으로 남겼는데 그 일화 중 하나가 닭과 고양이를 함께 기르는데도 해치지 않는 광경

우리나라 선사시대에도 고양이가?

이었습니다. 그의 의문은 닭을 기를 때 고양이를 싫어했던 건 중국이나 우리나라나 다르지 않았는데 왜 지금은 우리나라에만 그렇고 중국은 그러지 않는가라는 것이었습니다. 짐승의 성품이 변하는 것도 아닐 텐데 말입니다.

150년 후의 기록이긴 하지만 김경선(金景善)이 1832년(순조 32) 6월부터 이듬해 4월까지 청나라에 다녀와 남긴 사행기록(使行記錄)인 『연원직지(燕轅直指)』를 보면 "고양이는 우리나라의 것처럼 생겼다. 간혹 별종이 있는데, 여우나 담비처럼 털이 두껍게 박혔으며, 빛깔은 푸른 갈색이다. 어루만져 사랑하면 사람을 두려워하지 않는다."는 기록이 있습니다.

이는 청나라에서는 비교적 고양이에게 친화적인 환경이 조성되어 있었음을 보여줍니다. 이를 미루어보면 이원정의 기록은 고양이를 혐오했던 조선 시대 사람들, 그리고 굶주림에 닭이나 병아리를 훔쳐 먹어야 했던 고양이 그리고 고양이에게 유난히 가혹했던 조선의 상황을 진실 되게 보여주고 있는 것입니다.

그리고 시대만 달라졌을 뿐 우리나라 고양이들은 여전히 각박한 운명에 놓여 있습니다. 굶주림에 쓰레기봉투를 뜯어 먹이를 찾고 있으니까요.

고양이와 닭 그리고 굶주림의 수난

[사진 38] 김득신(金得臣:1754~1822), 야묘도추(野猫盜雛:병아리를 훔쳐 도망치는 들고양이)
출처-간송미술관

우리나라 역사 속 고양이 이야기

고양이 귀신(猫鬼), 저주의 존재가 되다.

소위 고독(蠱毒)이라는 술법 또한 염매란 것과 마찬가지다. 우리나라 서쪽 지방 백성들에는 이를 영업으로 하는 자가 있었으나, 근자에 와서는 일체 없어졌다. 또 상고컨대, "수(隋)나라 개황(開皇) 8년에 묘귀(猫鬼)·고독(蠱毒)·염매(魘魅)·야도(野道) 따위를 금지시켰다."고 하였다. 소위 묘귀란 것은 남을 병들게 저주하는 것인데, 이 염매라는 것과 서로 흡사하니 이는 더욱 괴이한 짓이다. 또 『강목(綱目)』 제서(齊書)에 금잠독(金蠶毒)이라는 말이 있으니, 대개 천지 사이에는 무슨 물건이건 없는 게 없는 모양이다.

— 『성호사설(星湖僿說)』 제5권 「염매고독(魘魅蠱毒)」 —

고양이 귀신(猫鬼), 저주의 존재가 되다.

고독(蠱毒)이라 함은 뱀·지네·두꺼비 등 고(蠱)의 독으로 생기는 위급한 병증을 말합니다.[73] 그런데 옛날에는 이 고(蠱)를 주술로 이용해 사람을 죽이는 일을 종종 벌이곤 했습니다.

『수서(隋書)』「지리지」에는 "5월 5일에 백 종의 벌레를 모아 큰 것은 뱀, 작은 것은 이와 함께 그릇 안에 함께 두고 서로 싸우게 만들어 최후에 남은 것을 이용한다. 뱀을 사용하면 사고(蛇蠱), 이를 사용하면 슬고(虱蠱)라 한다. 이 짓거리는 사람을 죽인다."는 기록도 남아 있지요. 이처럼 고독(蠱毒)은 '무고(巫蠱)'라고 하여 사람을 저주하여 죽이기 위한 술법을 통칭하는 의미로 활용되기도 하였는데 그 술법 중 하나가 바로 '묘귀(猫鬼)'였습니다.

'묘귀(猫鬼)'란 문자 그대로 고양이 귀신을 말합니다.
고대 중국에서는 고양이가 죽으면 고양이 귀신이 된다고 생각했고, 주술을 통해 이 묘귀(猫鬼)를 빙의시켜 사람을 죽이는 일을 벌였다고 합니다. 그 대표적인 일로 이야기되는 것이『수서(隋書)』「외척전-독고타(獨孤陀)」편에 기록된 일명 '묘귀 사건'입니다.

수(隨)나라를 세운 문제(文帝:541~604)의 황후 '독고가라(獨孤伽羅)'에게는 배다른 동생이 있었는데 그의 이름은 '독고타(獨孤陀)'였습니다. 그의 외조모는 고씨였는데 이미 묘귀를 부리는 일을 행하였고, 그 때문에 주변 사람들이 죽는 일도 생겼다고 합니다. 그리고 이 주술의 비법이 독고타에게로 전해졌는데 어느 날 황후와 가신의 부인 정씨가 병이 걸리게 되었고 의원들은 이를 묘귀병이라고 진단하기에

---

[73] 『한국전통지식포탈』「고독(蠱毒)」

이르렀습니다. 그러자 황제는 이 사건을 조사케 하였고 독고타가 묘귀를 부려 생긴 일임이 밝혀지게 됩니다. 이후 황제는 '묘귀'를 비롯해 사람을 죽일 목적으로 하는 모든 주술 행위를 금했다고 합니다.[74] 또한 당나라 고종(高宗) 때 훗날 측천무후가 되는 무미랑의 모함으로 쫓겨나 죽게 된 소숙비(蕭淑妃)가 "내가 죽은 뒤에 고양이가 되어서 무후를 쥐로 만들어 그 목을 졸라 보복하겠다."라고 했는데, 그녀가 이 말을 전해 듣고 궁중에서 고양이를 절대 기르지 못하게 조서를 내렸다고 합니다.[75]

조선 역시 당률(唐律)을 인용해 고양이를 이용한 저주를 교형(絞刑)에 처했으나 그럼에도 조선 시대 내내 이러한 행위는 그치질 않았던 모양입니다.

고양이의 다리나 간을 땅에 묻고 저주를 하면 원한이 있는 사람의 다리나 간에 병이 생겨 죽게 된다고 생각하였고, 도둑질한 범인을 찾거나 보복하려는 범인 점을 칠 때도 주술을 전해 주는 매개체로서 고양이를 이용하였는데, 고양이를 불에 찌는 방법으로 범인 점을 치는 저주 기속(奇俗)이 전해지고 있습니다. 또한 물건을 도난당하였을 때 절에서 얻어온 기름을 고양이에게 칠하여 산 채로 태우면 범인이 불구자가 된다는 이야기, 고양이를 항아리 속에 넣고 불에 달구면서 범인 이름을 주문으로 외우다가 찜 항아리를 열어주면 고양이가 범인 집으로 달려가다가 죽게 되는데, 그때 범인도 죽는다는 이야기, 범

---

[74] 고양이뉴스, 2017.03.11 「고양이 귀신을 씌워 사람을 죽이는 주술 - 고양이 인문학 : 묘묘한 이야기」

[75] 『고금사문류취(古今事文類聚)』 후집(後集) 권 41 사원위묘(死願爲猫)

고양이 귀신(猫鬼), 저주의 존재가 되다.

인이 확실하지 않을 때 도둑고양이를 잡아다가 장례에 썼던 삼줄로 묶어 사흘 동안 지붕 위의 햇볕에 쬐어 세 갈래 길에서 쪄 죽이면 도둑도 같이 죽는다는 이야기 등이 한반도 전역에서 전해져 오고 있지요.[76] 이러한 고양이를 이용한 저주 행위는 비단 민간에서만 행해진 것이 아니라 『조선왕조실록』에도 등장합니다.

왕이 이르기를,
"목릉에다 산 고양이를 묻고 흉측한 짓을 한 절차에 대해 모두 문초하도록 하라."하니,
김응벽이 공초하기를,
"지난 해 3월에 한상궁이라고 하는 사람이 주관하여 했다고 하였습니다."하였다.
왕이 이르기를,
"목릉의 어느 곳인가? 그리고 어떤 무당과 하였는가?"하니,
그가 공초하기를,
"고양이는 능의 앞 계단에다 묻었고 저주한 여자 무당은 고성입니다."
― 『광해군 일기』 광해군 5년(1613) 6월 17일

그 대표적인 사건이 바로 『광해군일기』에 기록된 소위 '목릉(穆陵) 저주사건'입니다.

이는 1613년 계축옥사(癸丑獄事)의 조사과정에서 불거진 사건입니다. 당시 광해군의 친위 세력인 대북파의 이이첨(李爾瞻) 등은 임금의 계모인 인목왕후의 아버지 김제남(金悌男:1562~1613) 등이 왕후의 아들인 영창대군(永昌大君)을 추대하려 했다며 공격하였는데 이로

---

[76] 『한국민족문화대백과사전』,「고양이」(참고문헌: 한국가축문화사 [이규태, 축산진흥, 1980])

우리나라 역사 속 고양이 이야기

인해 발생한 사건이 바로 '계축옥사'입니다. 그리고 선조 임금이 병으로 앓아누웠을 때 김제남과 인목왕후가 선조 임금의 첫 왕비였던 의인 왕후의 무덤인 목릉에 무당을 보내 살아 있는 고양이를 묻고 저주를 했다는 일이 불거지는데 이것이 바로 '목릉 저주 사건'입니다.

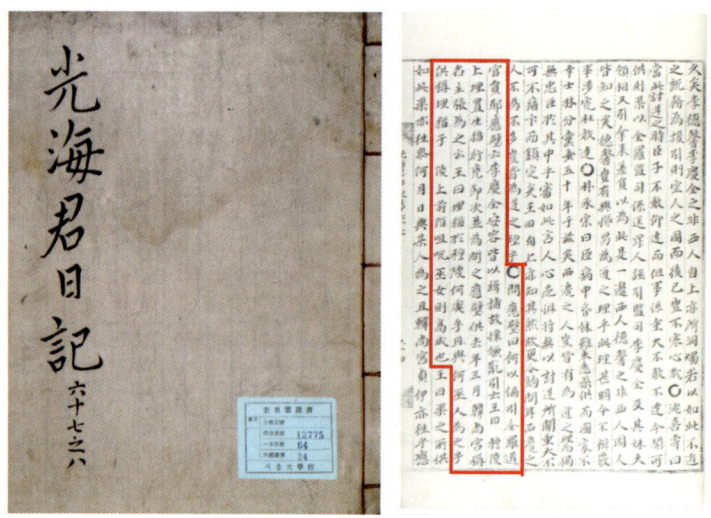

[사진 39] 『광해군 일기』 광해군 5년(1613) 6월 17일에 기록된 '목릉 저주사건'

뿐만 아니라 『효종실록』 효종 3년 (1652) 3월 4일자 기록에도 인조 임금의 후궁 조소원(趙昭媛)이 사돈인 김자점이 몰락하자 이를 원망하여 당시 임금인 효종을 저주하였는데 이때 "닭·개·고양이·쥐 등등의 저주하고 기도하는 용도에 필요한 물건이라면 모아들이지 않는 것이 없었다."라는 기록이 남아 있습니다.

이익의 『성호사설』에는 고양이를 이용한 저주 행위가 18세기 중반까지 성행하다가 없어졌다고 기록 되어 있지만 『일성록(日省錄)』을 보면 정조 원년(1777) 9월 24일 "효임(孝任)은 홍상범의 어미이자 홍

고양이 귀신(猫鬼), 저주의 존재가 되다.

술해(洪述海)의 아내로서, 그 첩 개련(介連)과 함께 요사한 여종을 지휘하고 불충한 무당과 체결하여 초상을 그려 화살을 매고 부적을 쓰고 고독(蠱毒)을 묻어 감히 몰래 임금을 해치려고 꾀하였다."는 일과 고종 시대까지 '고독'이 처벌받았다는 기록을 볼 때 20세기 말까지 여전히 행해진 것으로 보입니다.

이처럼 '저주'의 이미지로 우리의 의식 속에 자리 잡은 고양이에 관한 공포와 부정적인 고정관념은 여전히 우리 곁에 살아남아 고양이에 대한 인식에 커다란 영향을 미치고 있습니다.

[사진 40] 묘귀를 모티브로 만든 이용민 감독의 〈살인마〉(1965) 출처-한국영화데이터베이스

우리나라 선사시대에도 고양이가?

서양인의
기록 속 고양이

조선 후기와 대한제국 시기에 걸쳐 한국에 오게 된 서양인들의 기록에는 당시 조선에서의 고양이에 관련된 일화들이 전해져 오고 있습니다.

호레이스.N.앨런(Allen, Horace Newton:1858~1932)은 "우리 선박 중의 한 척에서 외국 고양이를 구해 와 우리 집과 친구들의 집에서 쥐의 역병을 막아 줄 훌륭한 고양이 혈통을 정착시켰다."고 말한 바 있는데 이를 기초로 당시 우리나라에 고양이가 많지 않았다고 이야기하는 설도 있으나 반려동물로서의 고양이의 수가 적었다는 의미로 읽어야 함이 옳을 것 같습니다.

또한 그는 "까치들은 한국인과 마찬가지로 고양이들을 싫어하는 것 같다. 그리고 눈에 보이면 고양이들을 공격한다. 까치에 살그머니 접근하는 모험심 많은 어린 외국 고양이들을 바라보는 것은 유쾌한 일이다."라는 재미있는 '에피소드'도 전하고 있습니다.

한편으론 고양이들에 대해 냉정한 면모를 보이기도 하는데 '공사관 주변에 유기된 한 폐가에 많은 수의 버려진 고양이들이 은신하고 있는 것을 발견하고 음식에 독을 묻혀 이들을 죽이기'도 했고, 자신의 반려 고양이가 한밤중에 나가 지붕을 긁기 시작하자 '잠옷과 모자를 쓴 채 고양이에게 돌을 던져 쫓아내기'도 했습니다.

그리고 당시 자리 잡고 있던 고양이에 대한 공포를 다음과 같이 소개하기도 하였습니다.

고양이 귀신(猫鬼), 저주의 존재가 되다.

"한 공사관 만찬에서 애완용 고양이가 방으로 불쑥 돌아오자 한국 고관들이 당황해 실신하는 것을 보았다. 이들 중 내 옆에 앉아 있던 한 사람이 갑자기 곤두박질치더니 그의 얼굴을 접시에 떨어뜨리고 그의 넓은 모자챙으로 잔을 엎질렀다. 나는 그를 밖으로 데리고 나갔다. 잠시 후 기운을 차린 그는 토착 언어(한국말)로 고양이하고 외쳤다. 어슬렁거린 고양이는 식당에서는 볼 수 없었다. 보통 여주인이 앉는 좌석에 이 한국인이 앉아 있자 고양이가 그 한국인의 넓은 옷으로 기어 올라가 무릎 위에 편하게 앉았던 것이다. 이상한 장소에서 식탁 아래 당신의 무릎 위에 몸을 꼬고 있는 뱀을 바라보는 당신을 상상해 보라. 아마도 당신은 이 한국인이 어떻게 느끼고 있는지를 이해할 수 있을 것이다."

이에 대해 주한공사관의 서기관을 지냈던 윌리엄 프랭클린 샌즈(William Franklin Sands:1874~1946) 역시 비슷한 에피소드를 전하고 있습니다.

"황제의 삼촌 '뚱뚱이 왕자'가 땀을 흘리며 숨을 헐떡거리며 '이 어린이가 나를 죽이려 한다'고 말하며 방안으로 뛰어 들어왔다. 그리고 그의 뒤를 따라 일단의 당황한 내시들과 손에 고양이를 품은 아기[엄비의 아들]가 뛰어 들어왔다. 나는 고양이가 그를 불행하게 만든다며 고양이를 너무도 싫어하는 뚱뚱이 왕자의 약점을 알게 되었다. 공사관의 만찬에서도 비록 그가 볼 수는 없지만 그럼에도 느끼고 있던 커튼 뒤에 숨어 있는 고양이 때문에 다시 그가 떨고 있 는 것을 보았다."

당시 사람들이 이토록 고양이를 두려워했던 또 다른 이유는 영국공사관의 영사인 '존 조셉 뉴웰'의 사망원인과 관련이 있습니다. 그는 야생 고양

우리나라 선사시대에도 고양이가?

이에게 물린 후 공수병에 걸려 고통스럽게 투병하다가 1901년 12월 22일 목숨을 잃었다고 전해지고 있습니다. 따라서 그렇지 않아도 고양이에 대해 부정적 인식을 가지고 있던 당시 사람들은 그들이 옮길지도 모를 병에 대해서도 무서움을 가지게 된 것으로 보입니다.

오늘날에도 길고양이가 전염병을 옮길지 모른다는 편견을 가지고 있는 경우들이 많습니다. 이론적으로 공수병이나 톡소플라즈마 원충 감염이 될 수 있으나 결론부터 이야기하자면 공수병의 경우 1975년 마지막 사례가 보고될 정도로 이제는 위험이 존재하지 않으며 톡소플라즈마 또한 길고양이의 배설물을 직접 입으로 가져가지 않는 이상 전염되지 않으며, 현재까지 전염된 사례 또한 단 한 건도 발생하지 않았습니다. 피부병 등 역시 사람에게 전염될 확률은 극히 희박합니다.

참고로 그럼에도 길고양이로 인한 전염병이 우려된다면 외출을 한 뒤 손발을 깨끗하게 씻는 것만으로 충분히 예방이 가능합니다.[77]

[사진 41] 부산에서 찍은 헨리 G. 웰본(Henry Garner Welbon: 1904~1999)의 사진.
1946년~1947년 한국에서 근무한 헨리 G.웰본이 파카를 입고 고양이를 안고 서 있는 모습. 출처-국립민속박물관

---

[77] 정부 24(https://www.gov.kr). 지자체 소식-서울시 종로구 「길고양이에 대한 잘못된 편견과 상식에 대해 알려드립니다!」

국가 제사의 대상으로서 고양이

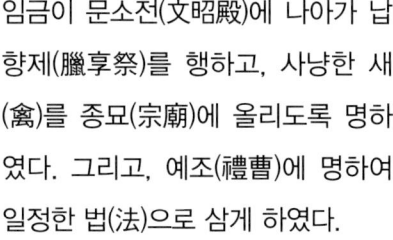

임금이 문소전(文昭殿)에 나아가 납향제(臘享祭)를 행하고, 사냥한 새(禽)를 종묘(宗廟)에 올리도록 명하였다. 그리고, 예조(禮曹)에 명하여 일정한 법(法)으로 삼게 하였다.
— 『태종실록』 태종 9년(1409) 12월 10일 —

납평제(臘平祭), 팔사(八蜡), 사(蜡), 자(褚) 등으로 불리던 납향제(臘享祭)는 『예기』 「교특생」에 기록된 "천자대사팔(天子大蜡八)" 즉 천자가 여덟 신에게 큰 제사를 지낸다는 일에서 유래한 것으로 『고려사』에 "중국의 하(夏)나라는 가평(嘉平)이라 하고 은(殷)나라는 청사(淸祀)라 하며, 주(周)나라는 대사(大蜡)라 하고 한(漢)나라

는 납(臘)이라 했다."는 기록으로 보아 매우 오랜 전통을 가지고 있음을 알 수 있습니다. 『예기』「교특생」에 따르면 한 해의 농사가 끝난 12월에 농사가 잘되게 해 준 여덟 신의 공에 보답하기 위해 팔사(八蜡)를 지냈는데 그 대상은 첫째는 선색(先嗇), 둘째는 사색(司嗇), 셋째는 농(農), 넷째는 우표철(郵表畷), 다섯째는 묘호(猫虎), 여섯째는 방(坊), 일곱째는 수용(水庸), 여덟째는 곤충(昆虫)[78]이라 하였습니다. 그 중 '고양이의 신에게 제사는 까닭은 밭의 쥐를 잡기 때문이다.(迎猫爲其食田鼠)'라고 기록되어 있습니다.

우리나라 역시 부여에서는 '영고(迎鼓)'라 하여 12월 중 하루를 택하여 하늘에 제사 지내는 풍속이 있었고 앞서 잠시 살펴보았듯 『삼국사기』에는 신라에서도 12월 인일(寅日)에 이 팔사를 지냈다고 기록되어 있습니다.

뿐만 아니라 『고려사』 문종 35년(1081)에도 고려는 대한(大寒) 전후 가장 가까운 진일(辰日)에 제사를 지내다가 1019년 이래로 송나라 역법에 따라 술일(戌日)을 사용하다가 다시 진일로 정하였다는 기록이 남아 있습니다.

조선 시대에도 역시 납일(臘日)에 되면 임금의 주관 아래 사직단과 종묘에 국가 제사로 지냈는데 조선의 납일은 동지로부터 세 번째 미일(未日)로 정하게 됩니다. 이에 대해서 이수광(李睟光:1563~1628)의 『지봉유설(芝峯類說)』은 "청제(靑帝)는 미랍(未臘)으로써, 적제(赤

---

[78] 선색은 농업을 최초로 발명하여 전파한 신농이며 사색은 후직(后稷)으로 주나라 희씨의 조상이며 곧 신농과 함께 중국의 농업의 신으로서 숭배되고 있다. 농(農)은 곧 밭을 관리하는 신이다. 우표철은 도로나 경계등을 정해서 농사에 공헌한 사람의 신, 묘호는 고양이와 호랑이 그리고 방은 제방, 수용은 수로 곤충은 해충을 막기 위함이다.

帝)는 술랍(戌臘)으로써, 백제(白帝)는 축랍(丑臘)으로써, 흑제(黑帝)는 진랍(辰臘)으로써 한다라고 했으므로 한국은 미(未)에 해당하므로 미일을 납일로 삼은 것이다."라고 그 이유를 기술 하고 있습니다.

여기서 청제는 봄을 맡은 동쪽의 신이고, 적제는 여름을 맡은 남쪽의 신이고, 백제는 가을을 맡은 서쪽의 신이고, 흑제는 겨울을 맡은 북쪽의 신을 말합니다. 조선은 동쪽에 해당하므로 미일로 정했다는 것이지요.[79] 한편 엄숙한 제사의 이미지와는 달리 '묘호'에게 지내는 그 옛날의 제사는 조금 특이하게 진행되었던 모양입니다.

『심경부주(心經附註)』[80]에는 그 제사에 대한 풍경을 다음과 같이 묘사하고 있습니다.

자공(子貢)이 납향 제사를 구경할 적에 공자(孔子)께서 말씀하시길 "사(賜)야! 즐거우냐?" 하니, 대답하기를 "온 나라 사람들이 모두 미친 듯이 열광하니, 저는 즐거운 줄을 알지 못하겠습니다." 하였다.
공자께서 말씀하기를 "백일의 납향 제사에 하루의 은택을 받은 것이니, 네가 알 바가 아니다. 활줄을 당기기만하고 풀어놓지 않으면(張而不弛) (주나라) 문왕(文王)과 무왕(武王)도 나라를 제대로 다스리지 못한다." 하였다.
살펴보건대 납향 제사를 지낼 적에 들쥐를 잡아먹게 하기 위하여 고양이를 맞이해서 제사하고, 멧돼지를 잡아먹게 하기 위하여 범을 맞이해서

---

[79] 『한국민속대백과사전』「납향」「납일」

[80] 『심경(心經)』은 '마음을 다스리는 글'이란 뜻으로 원래 남송시대(南宋時代) 주자학파(朱子學派)인 서산(西山) 진덕수(眞德秀)가 사서(四書)와 삼경(三經), 주염계(周濂溪), 정이천(程伊川), 범준(范浚), 주자(朱子)의 글을 간략히 뽑아 만든 책이다. 명나라 초기의 성리학자인 황돈(篁墩) 정민정(程敏政)이 이에 관계되는 해석과 송나라 유학자들의 학설을 발췌하고 보완하여 만든 책이 바로 『심경부주(心經附註)』이다.

제사하는바, 소동파(蘇東坡:1037~1101)는 "고양이를 맞이할 때에는 고양이의 모형(尸:신주)를 만들고 범을 맞이할 때에는 범의 모형을 만들어서 광대들의 놀이에 가깝다. 이 때문에 자공(子貢)이 온 나라 사람들이 모두 미친 듯이 열광한다고 말한 것이다.

통념 속 제사라고 하면 숙연하고 정숙한 분위기가 먼저 떠오를 것입니다. 그러나 공자가 직접 보았던 고양이에게 지내던 감사 제사는 다른 제사의 분위기와는 영 달랐던 것 같습니다.

신주를 대신해 고양이 모형을 만들어 놓고 즐겁게 노니 그 행위가 마치 광대놀이 같았다는 것입니다. 그런데 공자의 제자였던 자공(子貢)은 이러한 분위가 썩 마음에 들지 않았던 모양입니다.

그도 그럴 것이 유교의 가르침은 무엇보다 질서와 체계를 중시함에 있었기 때문입니다. 이런 가르침을 진리로 여겨 온 자공이었기에 이 분위기를 즐길 수가 없었겠지요. 하지만 이를 눈치챈 공자는 활줄을 당기기만 하고 놓지 않으면 안 되듯 질서와 체계만을 중시하면 중국 역사에서 태평성대의 표본이라 할 수 있는 주나라 문왕과 무왕조차 제대로 나라를 통치할 수 없을 것이라고 말합니다.

그러니까 그 당시 고양이에게 감사를 드리는 이 제사야말로 각박한 사람들의 삶에 활력이 되어주는 재미있고 즐거웠던 축제의 장이었던 것입니다.

국가 제사의 대상으로서 고양이

[사진 42] 공자성적도(孔子聖蹟圖)- 관사론속(觀賜論俗:납향을 보고 풍속을 논하다) 출처-国学网

우리나라 선사시대에도 고양이가?

명나라 제독 이승훈과
고양이

조선 중기 선조 임금 재위시절에 일어난 임진왜란은 조선을 쑥대밭으로 만들었습니다. 1597년 겨우 전란을 수습했지만 원병으로 왔던 명나라의 군대는 전후 복구와 군사 원조를 위해 조선에 한동안 주둔해 있었습니다. 그런데 1600년 명군 제독 이승훈(李承勛)이 기르던 고양이가 사라지는 사건이 발생합니다.

'유격(遊擊)'이란 애칭을 가진 그 고양이를 조선 땅까지 데려온 애묘인이었던 이승훈은 선조 임금에게까지 게첩(揭帖:실무 차원에서 사용되었던 외교문서)까지 보내 자신의 고양이를 찾아달라고 청하기까지 합니다.

조선으로서는 황당한 일이었지만 우리를 도우러 온 명나라 장수의 청을 쉽게 거부할 수 없는 처지였던 선조는 접반사(接伴使)를 질책하며 고양이를 꼭 찾아주라고 명을 내리는데 "끝내 찾아내 바치지못한다면 장차 무슨 말로 대답할 것인가."라는 선조 임금의 마지막 탄식은 힘없는 나라의 슬픈 현실을 잘 보여주고 있습니다.

『선조실록』 선조 33년(1600) 8월 8일

    이 제독 접반사 황우한(黃佑漢)이 아뢰기를,
  "고양이 한 마리 잃어버린 것 때문에 이 제독(李提督)이 성상에게 게첩(揭帖)할 줄은 미처 생각지도 못하였는데, 황공하기 그지없습니

명나라 제독 이승훈과 고양이

다. 그 마을의 당부(當部) 서원(書員)을 불러 어르기도 하고 으르기도 한두 번이 아니고 혹은 하리에게 사실을 말해주고 내외의 방방곡곡에 널리 수소문하여 찾아보게 하여 거의 찾아낼 수 있는 희망도 가졌었는데, 그 뒤에 시일이 오래되었는데도 찾아서 바치지 못하여 매우 미안했습니다. 이에 우선 아문(衙門)에 가서 사과하려고 하였으나 주중군(周中軍)이 '우리 노야께서 그 고양이를 못 잊어 하고 있으니 만약에 찾아낼 수 있는 길이 있으면 며칠 더 있다가 와서 사과하는 것이 좋을 것이다.' 하므로 도로 물러나왔습니다. 고양이를 찾는 일에 대해 두 번씩이나 전교를 내리셨는데, 사세가 이러하여 감히 아룁니다." 하니, 전교하기를,

"다른 사람의 고양이더라도 오히려 훔쳐서는 안 될 것인데, 더구나 아문이 기르는 것이겠는가. 지붕 위의 까마귀도 사랑하는 것인데 더구나 대인(大人)이 기르는 것이겠는가. 감히 몰래 훔칠 생각으로 숨겨놓고 돌려주지 않거나 혹은 만에 하나 죽이게 된다면 이는 작은 것으로 인하여 큰 것을 보여주는 꼴이 된다. 대인이 우리나라의 인심을 가리켜 어떻다고 하겠는가. 이 어찌 내가 평소에 겉으로만 대하고 정성으로 대하지 못한 소치가 아니겠는가. 접반사는 맡은 소임이 무엇이길래 이러한 일도 잘 살펴서 조처하지 못하고 대인으로 하여금 게첩까지 하게 한단 말인가. 직무를 충실히 하지 못한 것을 또한 알 수가 있다. 끝내 찾아내 바치지 못한다면 장차 무슨 말로 대답할 것인가." 하였다.

우리나라 선사시대에도 고양이가?

[사진 43] 김수운(金守雲) 〈천조장사전별도〉
- 1599년 2월 철수를 앞둔 명나라 장수 형개를 위한 연회의 모습을 담고 있다.

장수와 시험 합격의 상징으로서 고양이

조선 시대 그림의 소재로서 고양이는 매우 독특한 상징을 지닌 존재로 사랑을 받았습니다.

유학은 본질적으로 동물적 삶과 인간적 삶을 철저히 구분했습니다. 동물을 싫어했던 것이 아니라 원초적 욕망에만 충실 하는 것을 경계했기 때문입니다. 따라서 궁중채색화나 수묵산수화는 대부분은 엄격한 예법과 청빈이 만들어 내는 이상세계를 담고 있는 그야말로 인문학적 그림이었습니다.

그렇다고 '출세, 장수, 풍요'와 같은 내용을 담은 그림들이 완전히 멸절되었다는 것은 아닙니다. 이는 사회적 활동을 하는 사람들이라면 결코 버릴 수 없는 욕망이기 때문입니다. 그럼에도 유학적 가치를 받드는 선비로서 자칫 허영과 미망에 빠져 소인배가 될 수도 있었으므로 이러한 것들을 대놓고 말하지는 못했습니다. 그래서 사람들은 일명 '문자유희'라는 방식을 통해 그 욕망을 조심스럽게 드러냅니다. 때문에 우리가 옛 그림을 이해하기 위해서는 그 그림이 주는 상징성을 잘 파악하는 것이 중요합니다.[81]

예컨대, 누군가 세 마리의 물고기가 그려진 그림을 선물하였다고 해 봅시다.

이 그림에는 어떤 의미가 있을까요?
이 물고기 그림은 삼여(三餘)의 의미를 표현한 그림이라 할 수 있습니다. 여기서 삼여란 '세 가지 여가시간'이라는 뜻으로 『삼국지 위지(三國志 魏志)』「왕숙(王肅)」에서 연원합니다.
후한 말기에 동우(董遇)라는 사람이 있었는데 집안이 가난하여 일을 해가면서 책을 손에서 떼지않고 부지런히 공부하여 황문시랑(黃門侍郎)이란 벼슬에 올라 임금님의 글공부의 상대가 되었으나, 조조(曺操)의 의심을 받아 한직으로 쫓겨나게 됩니다. 그런데 각처에서 동우의 학덕을 흠모하여 글 공부를 하겠다는 사람들에게 "나에게 배우려 하기 보단 집에서 그대 혼자 책을 몇 번이고 자꾸 읽어보게. 그러면 스스로 그 뜻을 알게 될 걸세."하고 넌지시 거절하였다고 합니다. 그러던 어느 날 어떤 사람이 말하길 매일 쪼들리고 바쁘지 않은 날이 없어서 책 읽을 시간이 없다고 하자, 다시 동우가 말하기를, "학문을 하는데 세 가지 여가만 있으면 충분하다." 라고 하였지요.

[81] 통일뉴스. 2015.12.16. 「심규섭의 아름다운 우리그림 이야기-개와 고양이 그림」

여기서 말하는 세 가지 여가시간이란 밤, 겨울, 그리고 흐린 날을 말합니다. 즉 밤은 하루의 나머지 시간 야자일지여(夜者日之餘)이고, 겨울은 일 년의 나머지 동자세지여(冬者歲之餘)이며, 흐리거나 비오는 날은 맑게 갠 날의 나머지 음우자시지여 (陰雨者時之餘)인 것입니다. 바로 이 세 가지 여유(三餘)를 상징화 한 것이 물고기 세 마리로 이는 물고기 '어(魚)'와 '여(餘)'의 발음이 중국식으로 모두 'yue'로 서로 같기 때문입니다. 때문에 비록 물고기를 그린 그림이라하더라도 이는 학문하는 태도를 일깨워주는 의미를 담고 있는 것이지요.

한편 물고기는 여(餘)를 상징하고 있기에 돈이나 인정, 행복, 아들 등 재산이나 생활의 여유를 상징하기도 합니다. 때문에 연년유여(年年有餘)라 하여 일 년 내내 모든 것이 부족함 없이 생활할 수 있기를 바란다는 의미로 연초에 선물을 물고기가 그려진 그림을 선물하기도 하였지요.[82]

고양이 역시 비슷한 이유로
'장수'를 상징하는 의미로 활용되었습니다.

앞서 언급했던 바와 같이 고양이를 뜻하는 한자 묘(猫)로 70세 먹은 노인을 나타내는 모(耄)는 그 중국어 발음이 'mao'로 같습니다. 때문에 고양이의 그림은 곧 장수를 축원하는 의미를 담고 있었던 셈이지요.[83] 같은 의미로 활용되었던 것이 바로 돌과 국화 그리고 나비였습니다. 이 셋에 고양이를 더해 '수거모질(壽居耄耋)'이라 하였지요. 즉 실내에서 보고 즐기는 관상용의 자연석인 수석(壽石)이라 했기에

---

[82] 『문화콘텐츠닷컴』, 「민화속이야기」.
[83] 『문화콘텐츠닷컴』, 「상징이미지 유래 및 의미분석」.

이것의 목숨 수(壽)로부터 장수의 의미가 파생되었고, 국화의 국(菊) 과 거(居)는 'ju'로 나비의 한자 표현인 접(蝶)자와 80세 노인을 뜻하는 질(耋) 역시 그 발음이 'die'로 같기 때문에 이들 역시 고양이와 같은 '장수'를 바라는 의미로 활용되었던 겁니다.

[사진 44] 후종린(侯宗麟)
묘작화접도
출처-국립중앙박물관

더불어 고양이는 다른 소재와의 융합을 통해 다양한 의미로도 사용 되었습니다. 이 중 고양이와 참새가 함께 그려진 묘작도(猫雀圖)가 특히 많았습니다. 한유(韓愈:768~824)의 『만추언성야회연구(晚秋郾城夜會聯句)』에 의하면 "부인은 우는 황새를 탄식하고, 가인은 기쁜 까치를 기원하네.(室婦歎鳴鸛 家人祝喜鵲)"라 하여 까치는 곧 '희작(喜鵲)'이라 하여 기쁨을 의미했습니다. 그런데 참새는 한자로 작(雀)으로 곧 까치 작(鵲)과 발음이 같기 때문에 까치와 동일한 의미로 여겨졌고 고로 '묘작도'는 '고희(古稀)를 축하합니다.'라는 의미를 담고 있었던 것이지요.

장수와 시험 합격의 상징으로서 고양이

[사진 45] 변상벽, 묘작도(猫雀圖) 출처-국립중앙박물관

또한 고양이를 모란과 함께 그리는 경우도 많았는데 이를 두고 '정오목단(正午牧丹)'이라 하였습니다. 일찍이 북송 주돈이(周敦頤:1017~1073)의 『애련설(愛蓮說)』에 "모란은 꽃 중에서 부귀한 것이다(牡丹花之富貴者)"라고 하였고, 『하황사기(下黃私記)』나 『북산집(北山集)』 등에서도 모란은 "모든 꽃의 왕(百花王)"이라고 하였습니다. 이렇듯 모란은 예로부터 동양인들 사이에서 부귀의 상징으로 인식되어 왔던 것이지요.

바로 이런 모란과 고양이를 함께 배치하면 곧 부귀가 활짝 피어나는 것을 상징했습니다. 이는 송나라의 정치가이자 문인이었던 구양수(歐陽脩:1007~1072)가 활짝 핀 모란꽃과 그 아래 눈동자가 가는 고양이 한 마리가 있는 그림을 얻은 일화에서 유래하는데 이는 눈동자가 가는 막대기 모양으로 변하는 때가 바로 정오로 모란이

149

활짝 피는 시간이기 때문입니다.[84] 한편 조선 중기에 유몽인(柳夢寅:1559~1623)이 편찬한 설화집인 『어우야담(於于野譚)』「세속의 금기」에는 선조 임금 때의 문신인 신숙(申熟)의 일화가 등장합니다.

신숙은 매양 시험에 응시할 때마다 고양이가 그의 앞을 가로질러 가면 반드시 합격했다. 급제하여 전시(展試)에 응시할 날이 내일로 닥쳤는데 종일토록 돌아다녔지만 고양이를 볼 수 없었다. 억지로 친구 집을 찾아 다니다 깊은 밤이 되었는데, 길가 점사(店舍) 문밖에 병든 고양이가 쪼그리고 있는 것을 보았다. 부채를 휘둘러 놀라게 하자 고양이가 길을 가로질러 지나갔다. 그는 크게 기뻐하며 집에 돌아와 잤으며, 이튿날 응시해 과연 합격하였다.[85]

요즘도 대학이나 취직을 앞두고 꼭 붙으라는 의미로 엿이나 찹쌀떡을, 문제를 잘 풀라는 뜻으로 화장지를 선물하는 등의 풍경을 심심치 않게 볼 수 있습니다. 또한 스포츠 경기에서 이기기 위해 수염을 깎지 않는다든가 등의 징크스에 관한 이야기를 들어보셨을 것입니다.

조선 시대 과거를 보는 선비들 역시 크게 다르지 않았습니다. 더구나 개인의 입신양명을 넘어 가문의 명운까지 걸린 일기이기에 그 간절함 역시 더하면 더했지 덜하진 않았을 것입니다.

'신숙'이란 인물 역시 과거 합격이라는 간절함을 품고 있었던 모양입니다. 그런데 그의 징크스가 좀 특이했습니다. 그 징크스는 바로

---

[84] 『문화콘텐츠닷컴』, 「목단문」
[85] 유몽인, 『어우야담(於于野譚)』, 이형대 역, 돌베게(2006) p281

장수와 시험 합격의 상징으로서 고양이

시험 전에 꼭 고양이를 봐야 합격을 한다는 것이었지요. 일반적으로 조선의 과거 중 문과는 크게 소과와 대과로 나뉘었고, 소과는 다시 초시(初試)와 복시(覆試)의 2단계, 대과는 다시 초시, 복시, 전시(殿試)의 3단계로 나뉘어 있어서, 모두 5단계를 차례로 거쳐야만 급제가 되는 것이 원칙이었습니다.

그런데 신숙은 시험을 앞두고 꼭 고양이가 앞을 지나갔고 그럴 때마다 좋은 성적으로 합격을 하였던 것 같습니다. 우연함이 겹치면 필연이 되는 법. 그리고 드디어 임금 앞에서 행하는 과거의 마지막 시험인 전시를 눈앞에 두게 되었습니다. 그런데 그 하루 앞날이 되어도 고양이는 보이지 않고 신숙의 마음을 절로 초조해졌을 것입니다. 그는 억지로 친구 집까지 다니며 깊은 밤까지 고양이를 찾아 나섰지만 모두 허사였고 결국 낙담한 채로 집으로 돌아가고 있었죠. 그러던 찰나 그의 눈에 길가의 한 점포 문밖에서 쪼그리고 앉아있는 고양이 한 마리가 눈에 띄었습니다. 이 기회를 놓칠 새라 신숙은 재빨리 부채를 꺼내 휘둘렀고 이에 놀란 고양이가 그의 앞을 가로질러 어디론가 달아났습니다. 이에 크게 기뻐한 다음날 홀가분한 마음으로 시험을 보았고, 당당히 합격이라는 큰 행운을 거머쥐었습니다. 그런데 과거시험을 보기 전 고양이를 보고 합격했다는 일화는 비단 '신숙' 한 사람만의 징크스는 아니었습니다.

『연려실기술』 「연산조 고사본말(燕山朝故事本末)」에는 중종 임금 때의 재상인 장순손(張順孫)의 일화를 전하고 있습니다. 그는 연산군의 명에 의해 압송되어 함창(咸昌) 공갈못(公儉池) 아래 갈림길에 이르렀을 때 고양이가 길을 넘어가는 것을 보게 됩니다. 이를 보자 그는 도사(都事)에게 청하기를, "내 평생에 과거 보러 갈 적에도 고양이가 길을 넘는 것을 보면 반드시 합격했습니다. 오늘 우연히 이 고양이를 갈림길에서 보았고, 이 길로 가면 매우 빠르니 저 길을 따라 가기를 원합니다." 하였더니 도사가 이를 허락하였고 그 덕에 '즉시 그의 목을 베어오라'는 명을 늦게 받게 되었고, 그 사이 중종반정이 일어나 죽음을 면하게 되었다는 것입니다.

신숙보다 몇 십 년이나 앞선 장순손의 일화에서도 '과거를 보러갈 때 고양이를 보았더니 합격했다.'는 에피소드가 등장하는 것을 보면 일찍부터 이 좋은 징크스가 존재했음을 알 수 있습니다. 이는 아마도 고양이 묘(猫)와 신묘할 묘(妙)의 그 음이 같기 때문에 고양이를 보면 시험에서 묘안(妙案)을 낼 수 있을 것이라는 믿음에서 유래한 것이 아닐까 합니다.

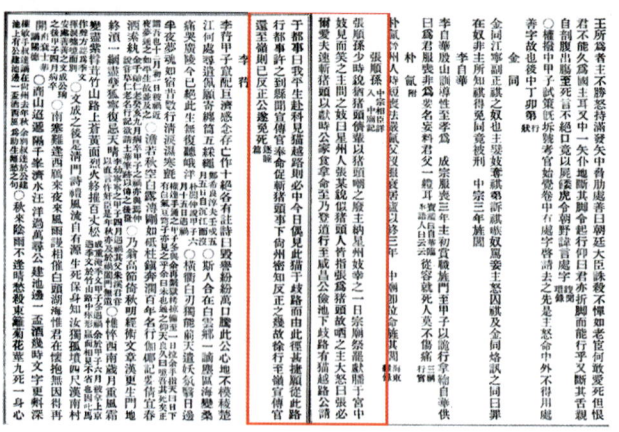

[사진 46] 『연려실기술』 「연산조 고사본말(燕山朝故事本末)」 갑자화적(甲子禍籍)-장순손이 과거를 볼 적에 고양이를 보아 합격하고 귀양길에 고양이 덕분에 목숨을 구했다는 이야기가 실려 있다.

벽사(辟邪)의
존재 고양이

허성(虛星)은 동양의 별자리인 28수(宿) 중 열한 번째 별자리로서 허수(虛宿)라고도 합니다. 이에 대해 송(宋)나라의 정초(鄭樵)가 편찬한 『통지(通志)』「천문략(天文略)」에서 말하길 "허성(虛星)은 젊은 나라의 총재(冢宰)의 벼슬을 뜻한다. 읍거(邑居), 묘당(廟堂), 제사(祭祀) 등의 일을 주관하고, 또한 비바람(風雲)과 죽음(死喪)을 주관한다. 허성의 9척(尺) 아래에 황도가 지난다. 허성을 이루는 별들이 밝고 고요하면 천하가 편안할 것이고, 그 별들이 동요하면 죽음(死喪)과 곡읍(哭泣)이 생길 것이다."라고 하였습니다. 그런데 동양 천문학에서는 이 허성이 별 중 가장 먼저 태어난 별로 전해졌기 때문에 그 수호동물 자리에도 십이지(十二支)의 첫 동물인 쥐가 자리 잡게 되었답니다. 바로 이러한 이유로 그 시대의 사람들은 죽음을 관장하는 허성의 정령인 '쥐'를 숨게 하여 목숨을 지켜주는 역할로서 부적에 고양이 그림을 그려넣곤 하였던 것입니다.[86]

조선인들은 쥐 귀신이라는 악귀가 몸 안으로 스며들면 콜레라에 걸리게 될 것이라 생각한다. 쥐가 오른 것처럼 발에서 시작해서 몸 위쪽으로 잠입해 올라가서 복부에 이르며 그로 인해 근육에 쥐가 난다고 믿는다. 시내를 걷다 보면 대문에 고양이 그림이 붙은 것을 자주 볼 수 있었다. 이는 쥐 귀신을 잡기 위함이다. 어디를 가도 이러한 어리석음의 실례를 볼 수 있었다.[87]

---

[86] 『문화콘텐츠닷컴』「고양이부적」
[87] Oliver R. Avison, "Cholera in Seoul", Korean Repository 3, 1895; 신동원, 『호열자, 조선을 습격하다』(서울: 역사비평사, 2004), p27에서 재인용)

우리나라 선사시대에도 고양이가?

나아가 19세기 중반 콜레라가 극성할 당시 조선 민간에서는 이를 두고 쥐가 발생시킨 질병이라는 뜻에서 '쥐통', '쥐병'으로 불렀는데 사람들은 쥐의 형상을 한 귀신이 몸속으로 파고 들면 콜레라에 걸리고 발을 통해 침입한 악귀가 다리를 갉아 먹으면서 올라가 내장을 손상시킨다고 생각했습니다. 콜레라가 쥐가 물어서 생긴 병이기 때문인지 위 외국인의 기록처럼 민간에서는 고양이 부적을 집에 붙여놓는 경우가 있었다고 합니다.[88]

[사진47] 고양이부적, 샤를 루이 바라(Charles Louis Varat:1842~1893) Voyage en Corée, Le Tour du monde, vol.I, 1982, p351

---

[88] 한국역사연구회, 김신회, [역병과 재해] 19세기 콜레라 충격과 조선 사회의 반응

우리나라 역사 속 최초의 퍼스트캣

우리나라 역사 속 최초의 퍼스트캣

- 숙종 임금과 금손이 이야기

성리학은 임금에게 엄격한 인격 수양을 요구했지요. 이는 임금이 군자처럼 수양하며 덕을 쌓아야만 국가가 평안해진다는 믿음에서 비롯된 것이었습니다. 그렇기 때문에 군자가 되어야 할 임금은 정신을 산만하게 하는 소위 '잡기'란 것에 빠지면 안 되었습니다. 심지어 그림 그리기나 서예 같은 취미 활동을 삼갈 것을 요구하기도 했으니 동물을 가까이 두는 것이야 더더욱 그러했겠지요.

세자(世子)가 금빛 고양이를 신효창(申孝昌)의 집에 구하니, 신효창이 청구하는 것을 좇지 않고 빈객(賓客) 탁신(卓愼)에게 고하였다. 탁신이 서연관(書筵官:세자를 교육하고 보좌

155

하던 관린)을 불러 말하니, 이에 서연관이 헌언(獻言)하기를,
"이 물건이 비록 응견(鷹犬)에 비교할 것은 아니나 구경하고 좋아할 수 없는 것이고, 또 재상의 집에 청구할 수 있는 것이 아닙니다." 하니, 세자가 말하였다.
"사람들이 항상 말하기를, '금빛 나는 고양이는 숫놈이 적다.'고 하기에, 보고 돌려보내려고 한 것이다."

- 『태종실록』 태종17년(1417) 11월 24일 -

태종 임금 당시 세자였던 양녕대군은 충청도관찰사와 동지총제(同知摠制)를 지낸 신효창의 집에 금빛 고양이가 있다는 소식을 듣고 달려가 이를 얻으려고 했던 모양입니다. 그런데 신효창은 세자의 말임에도 이를 순순히 따르지 않고 마침 손님으로 와 있던 이조참판(吏曹參判) 탁신에게 이 일을 말하니 그가 대신 서연관을 통해 세자에게 말을 전합니다. 탁신은 세자가 구하려는 고양이가 비록 사냥을 위해 기르는 매나 개에 비할 수 없지만 마냥 구경하고 좋아할 만한 것은 아니니 더더욱 재상의 집에서 요구할 수 있는 것이 아니라며 그를 타이르는데 이 말을 듣자 세자는 수컷 금빛 고양이가 귀하다기에 보고 돌려보내려 했다고 말하며 물러납니다.

사냥을 위해 매나 개를 기르는 행위는 군자로서는 매우 엄히 단속해야 할 만한 일이었습니다. 오죽했으면 태종 임금 7년(1407) 사간이 "사냥하는 것은 실로 임금의 마음의 모적(蟊賊)"이라는 상소를 올렸겠습니까. 그러니까 탁신의 고언은 임금의 마음을 심란케 하는 사냥매, 사냥견에 비할 바까진 아니지만 고양이를 기르는 건 장차 임금이 될 세자가 곁에 둘 건 아니라고 말하는 것입니다.

우리나라 역사 속 최초의 퍼스트캣

이처럼 군자로서 동물을 곁에 두는 것에 대한 제약에도 불구하고 그것을 가지고 싶었던 세자나, 세자의 요청에도 빼앗기고 싶지 않았던 신효창의 속내를 통해서 우리는 금빛 고양이가 당대 사람들이 매우 곁에 두고 싶어하던 귀한 동물이었음을 알 수 있습니다.

애완동물까진 아니지만 고양이와의 인연을 이야기할 때 빠지지 않는 임금이 바로 세조 임금입니다.

하루는 세조 임금께서 예불을 하고자 탑상 가까이 가려고 하니 어디서 왔는지 고양이 한 마리가 달려들더니 그의 옷자락을 물고 늘어지면서 탑상 가까이 가지 못하게 하였습니다. 세조 임금은 다시 고양이를 뿌리치고 불전에 나가려 했으나 또 고양이가 와 울면서 옷자락을 마구 물면서 늘어지는 것 입니다. 이를 이상하게 여긴 세조 임금은 곁에 있는 신하를 시켜 탑상과 휘장을 살펴보라 하니 그 밑에서 자객이 칼을 들고 세조 임금이 예불하기만을 기다리고 있었습니다.

이에 임금은 목숨을 구해준 고양이를 위해 강릉에서 가장 기름진 논 5백 섬지기를 상원사에 내렸고 매년 고양이를 위해 제사를 지내주도록 명했습니다. 이때부터 절에는 묘답 또는 묘전이란 명칭이 생겨났다고 합니다.[89]

---

[89] 『한국향토문화전자대전』「강릉-묘전(猫田)」

우리나라 역사 속 고양이 이야기

[사진 48] 고양이상으로 알려진 상원사 사자상

일각에서는 이 고양이의 은혜를 기리기 위해 상원사 문수전 아래 고양이 석상을 만들었다고 전하는데 사실 이는 사자상이라고 합니다. 사찰의 전각 앞에 암수로 된 한 쌍의 사자를 조각하는 것은 중국불교 이래의 오래된 법식입니다. 그렇다면 왜 당시의 조각가는 사자를 고양이처럼 조성한것일까요? 그것은 사자를 보지 못한 상태에서 경전 등의 묘사에만 입각해 석상을 제작했기 때문입니다. 즉 실물을 보지 못한 상상력의 한계가 사자를 고양이처럼 만들게 된 것이지요.[90]

고양이와 인연을 맺은 또 다른 임금은 연산군입니다.

유교적 질서에 어울리지 않은 임금이었던 연산군은 궁궐에 조준방(調隼坊)을 설치하고 이 안에 진귀한 동물들을 키웠다고 전해집니다.

특히, 연산군은 개를 좋아했는데 "왕은 항상 내정(內政)에 강아지

---

[90] 지현스님, 『Temple stay』 2017 가을호 '고양이가 아니라 사자, 사자가 아니라 삽살개' p6~8

한 마리를 길렀는데, 그 턱밑에 방울을 달아 강아지가 방울 소리를 듣고 놀라 뛰면 이것을 매양 재미로 여겼다."(『연산군일기』 연산군 12년(1506) 5월 19일)는 기록이 남아있을 정도입니다. 한편 고양이를 기른 정황도 보이는데 연산군 10년(1504) 3월 9일에 내관(內官) 임세무(林世茂) 등이 궁궐 내의 고양이로 사옹원(司饔院)에서 쥐를 잡다가 고양이를 놓쳤으니, 금부(禁府)에서 형장 심문하라는 전교가 남아 있기 때문입니다.

그런데 고양이와의 인연이 아닌 고양이를 반려동물로 키웠던 왕실 인물로는 조선 17대 왕인 효종 임금과 인선왕후 장씨의 셋째 딸인 숙명공주(淑明公主:1640~1699)가 있습니다.

숙명공주는 그녀의 나이 열세 살에 청송(靑松) 심씨 가문의 청평위(靑平尉) 심익현(沈益顯)과 결혼하였는데 심성이 곱고 욕심이 없었던 탓에 아버지인 효종 임금이 '네 몫의 것은 아무런 악을 쓰더라도 부디 다 찾아라.'라는 조언을 할 정도였습니다.

그런 숙명공주는 고양이를 무척 사랑했습니다. 시집을 가서도 고양이를 품에 안고 지냈는데 때마침 숙명공주의 언니인 숙안공주가 아들까지 낳았으니 집안과 왕실에서 걱정이 이만저만이 아니었던 모양입니다. 그렇다고 그녀의 신분이 공주였기 때문에 시가에서는 이를 탓할 수도 없었을 테지요. 이 소식이 아버지이자 왕인 효종 임금의 귀에 들어가자 그는 공주에게 직접 편지를 썼습니다.

우리나라 역사 속 고양이 이야기

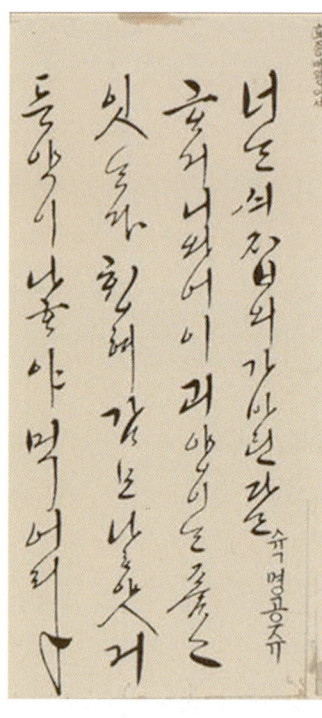

너는 시집에 가(정성을)
바친다고는 하거니와

어찌 괴양이(고양이의옛말)는
품고 있느냐?

행여 감기나 걸렸거든
약이나 하여 먹어라.

[사진 49] 효종 임금이 딸 숙명공주에게 보낸 편지

    이 편지에는 나라의 임금이 아닌 고양이만을 곁에 두어 행여 부부 간의 정이 소홀해 지지나 않을까하는 염려하는 한 아버지의 배려가 듬뿍 담겨 있는 것 같습니다. 그런 아버지의 사랑을 받아서인지 숙명 공주는 금실이 좋아 아들을 둘씩이나 낳았고, 당시로서는 장수에 속 하는 예순 살까지 살았다고 합니다. 그런데 그녀의 병이 깊어질 즈음 당시 조카이자 임금이었던 숙종이 직접 병문안을 오고 운명을 다할 때엔 매우 슬퍼하며 조회까지 중지하였다고 합니다.(『숙종실록』 숙종 25년(1699) 3월 17일)

    이렇듯 친밀한 관계를 유지했던 고모의 고양이 사랑은 숙종 임금 에게 이어졌던 모양입니다.

우리나라 역사 속 최초의 퍼스트캣

『승정원일기』 영조 1년(1725) 11월 9일조에는 "숙종 대왕께서 고양이를 대하고는 우(禹) 임금이 죄인을 보고 우셨던 어짊을 본받아 금손(金孫)이라는 이름을 내려 주셨으니 은택이 금수에 미치도록 힘쓴 것이었습니다."라는 기록이 나옵니다.

조선 시대의 정사(正史) 중 하나라고 할 수 있는『승정원일기』에도 등장하는 숙종 임금과 고양이 금손(金孫)의 인연은 그 어미인 금덕(金德)과의 인연으로부터 시작되었습니다. 조선 후기 문인 이하곤(李夏坤:1677~1724)의『두타초(頭陀草)』「서궁묘사(書宮猫事)」는 그 인연에 대해 다음과 같이 전하고 있습니다.

숙종 임금이 일찍이 후원을 거닐 적에 한 고양이가 굶주림에 죽어가는 모습을 보고 이를 가엾게 여겨 궁인에게 기르게 하고 그 이름을 금덕(金德)이라 하였다. 그리고 새끼를 낳으니 그 이름이 금손(金孫)이다. 그 후 금덕이 죽으니 또한 명하여 이를 묻어주고 슬퍼하며 「죽은 고양이를 묻으며(埋死猫)」라는 시를 지었다.[91]

실제로 역대 임금들이 지은 시문을 모은 책인『열성어제(列聖御製)』「숙종어제(肅宗御製)」에는 그 시가 남아 있습니다.

「죽은 고양이를 묻으며(埋死猫)」
내가 기르던 고양이가 죽음에 사람을 시켜 싸서 묻도록 하였으니 귀한 짐승이라서가 아니라 주인을 따랐음을 아끼기 때문이다.『예기(禮記)』에 이르길, "해진 수레 덮개를 버리지 않는 것은 죽은 개를 싸서 묻기 위함

---

[91] 先王嘗游後苑。見母猫飢困欲死。意憐之。命宮人育之。仍名曰金德。生一雛。卽金孫也。其後金德死。又命葬之。作埋死猫文以哀之.

이다."라고 하였고, 그 주에 "개와 말은 모두 사람에게 도움이었으니 그런 까닭에 특별히 은혜를 보인 것이다."라고 하였다. 고양이가 비록 사람에게 도움은 없으나, 짐승일지라도 주인을 따름을 안다면 그를 묻어 알림은 지나친 것이 아니라 마땅한 것이다.[92]

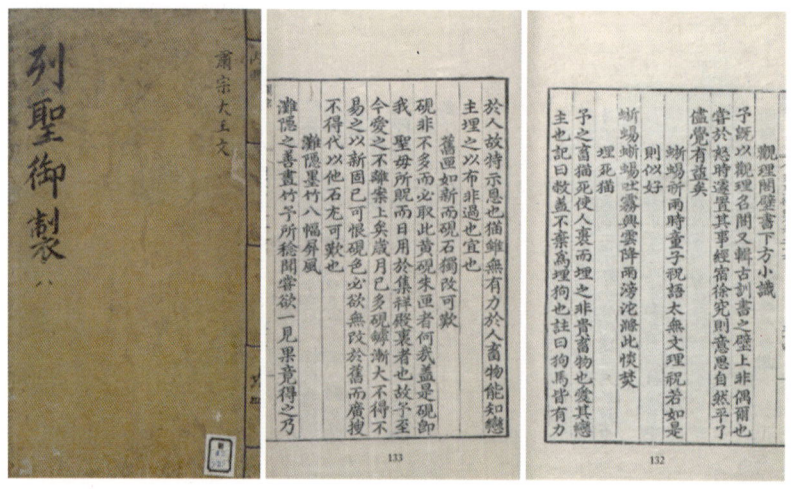

[사진 50] 『열성어제』 「숙종어제」의 매장묘. 출처-한국 국립 중앙도서관

궁인의 손에 길렀던 어미 금덕과는 달리 숙종 임금은 그 아이인 금손은 직접 길렀습니다. 얼마나 사랑하고 아꼈던지 숙종 임금은 금손에게 손수 밥을 먹여주었고, 잘 때도 함께였다고 합니다. 금손이도 임금이 이름을 부르면 머리를 들어 애교를 부렸고 업무를 볼 때도 늘 그 곁에 있었다니 잠시라도 떨어지지 않았던 모양입니다.[93]

---

[92] 予之畜猫死 使人裏而埋之 非貴畜物也 愛其戀主也 記曰 敝蓋不棄 爲埋狗也 註曰 狗馬皆有力
於人 故特示恩也 猫雖無力於人 畜物能知戀主之以布 非過也 宜也
[93] 홍세태(洪世泰:1653~1725) 『유하집(柳下集)』 「금묘가(金猫歌)」

이러한 이야기는 조선 중기 문신이었던 김시민(金時敏:1681~1747)이 지은 『동포집(東圃集)』에 수록된 「금묘가(金猫歌)」란 시에도 잘 드러나고 있습니다.

「금묘가(金猫歌)」
궁중에 황금색 고양이 있었으니
지존께서 사랑하여 이름 내려주셨네.
금묘야, 부르면 곧 달려오니
마치 그 말귀 알아듣는 듯 했네.

기린과 공작도 오히려 멀리하였건만
금묘만 가까이서 임금 모시고 밥 먹었네.
낮에는 조용히 궁궐 섬돌에서 고양이 세수하고
추운 밤에는 몸을 말고 용상 곁에서 잠들었네.
비빈과 궁녀들도 가까이하여 길들이지 못하는데
임금님 어루만져 주시니 사랑을 독차지 했네.

그런데 그렇게 금손을 사랑해 주던 숙종 임금이 1720년 세상을 떠나게 됩니다. 그러자 놀라운 일이 벌어집니다. 마치 그 죽음을 애도하기라도 하듯 금손이 빈전 뜰에서 몸을 굽혀 곡을 했던 것이었습니다. 이 광경을 목격한 사람마다 서글퍼 눈물을 흘리지 않은 사람이 없었다고 하지요. 이후 금손은 곡기를 끊고 궁인이 어육(魚肉)을 주어도 이를 먹지 않으니 수십 일이 지난 후 결국 임금을 따라 죽었다고 합니다. 그 마지막이 피골이 상접하고 털이 다 거칠어져 참혹한 모습이었으니 그 이야기를 들은 인원왕후(仁元王后)는 이를 가상케 여겨 비단으로 머리를 감싸주고 상여에 실어 장사지낸 후 그토록 자신을 아껴주던 숙종 임금이 묻힌 명릉(明陵)에 묻어주라 하였다고 합니다.[94]

이를 두고 이익은 『성호사설』「금묘(金猫)」에서 "대저 '개와 말도 주인을 생각한다.'는 말은 옛적부터 있지만, 고양이란 성질이 매우 사나운 것이므로, 비록 여러 해를 길들여 친하게 만들었다해도, 하루아침만 제 비위에 틀리면 갑자기 주인도 아는 체하지 않고 가버리는 것이다. 그런데 이 금묘 같은 사실은 도화견(桃花犬)에 비하면 더욱 이상하다."라 하였습니다. 참고로 도화견은 송(宋)나라의 3대 황제인 진종(眞宗)에게 공물로 바친 황제의 반려견으로 황제가 병석에 누웠을 때는 밥을 먹지 않고, 죽을 때에는 울부짖고 눈물을 흘리면서 파리해지기까지 하였다는 충견입니다.

이와 같은 숙종 임금의 고양이 금손에 대한 사랑은 그 아들인 영조 임금에도 영향을 미쳤습니다.

앞서 잠시 언급했지만 영조 임금에게 부제조(副提調)였던 유엄(柳儼)이 고양이 가죽이 팔 아픈데 이롭다고 하여 권하자 "내 일찍이 여러 마리의 고양이가 궁궐 담장 사이를 왕래하는 것을 보았는데 차마 그 가죽으로 병을 치료하는 데 쓰지는 못하겠다."(『영조실록』 영조 13년(1737) 5월 24일)며 이를 거절합니다.

이 말을 통해 우리는 숙종 임금이 금손이 뿐만 아니라 궁궐을 드나

---

[94] 김시민(金時敏:1681~1747)『동포집(東圃集)』「금묘가(金猫歌)」

들었던 다른 고양이에게도 무척 관대하게 대하였음을 알 수 있습니다. 그러니 이렇게 고양이를 사랑했던 아버지를 보며 자랐던 영조 임금이기에 고양이를 약으로 쓰자는 신하의 말을 거절했던 건 어쩌면 당연한 일이었는지도 모르겠습니다.

우리나라 선사시대에도 고양이가?

묘마마(猫媽媽) 이야기와
군대 고양이 이야기

조선 후기의 학자 이규경은 『오주연문장전산고』「묘변증설」에서 영조 임금 때 고양이를 챙겨주었던 양반 가문의 여인과 관련한 일화를 들려주고 있습니다.

"영조 치세의 한 양반가문 여인이 집에서 유독 많은 고양이를 돌보았다. 이 여인은 고양이들에게 비단 옷을 입히고 귀한 음식을 먹이며 한 시도 옆을 떠나지 않았다. 그래서 사람들은 그녀를 가리켜 '묘마마(猫媽媽)'라 불렀다. 그 후 그녀가 죽자 고양이 수백 마리가 그녀의 집에 찾아와 집 주위를 둘러싸고 슬피 울었다고 한다."

이 '묘마마'는 기록으로 남은 우리나라 최초의 캣맘이라고 할 수 있습니다.

[사진 51] 동화 '묘마마' 표지

166

묘마마(猫媽媽)이야기와 군대 고양이 이야기

한편 이유원(李裕元:1814~1888) 『임하필기(林下筆記)』「춘명일사(春明逸史)」에 군영 내에서 보살핌을 받고 살았던 고양이 한 마리의 일화가 다음과 같이 기록되어 있습니다.

[사진 52] 조지운(趙之耘:1637-?)의 유하묘도(柳下猫圖) 출처-국립중앙박물관

북병영(北兵營)의 고양이

북병영에 고양이가 있는데 운주헌(運籌軒) 마루 밑에 산다. 매일 밥 한 그릇과 국 한 그릇을 깍듯이 먹이면서 감히 다치게 하지 않았다. 그 가운데 새끼 고양이 한 마리에게는 요미(料米)를 두어 병영 물품을 담당하는 창고에서 덜어 내 주도록 문서에 기록하여 규정을 삼았다. 고양이가 만약 울면서 병영 안을 돌아다니면 병사(兵使)에게 불길한 일이 생기니, 이 또한 괴이한 일이다.

우리나라 역사 속 고양이 이야기

고양이를 사랑한 우리나라 역사 속 인물들

1) 이규보 (李奎報 : 1169년~1241년)

고려 시대 고양이를 들인 대표적인 인물 중에 한 사람이 바로 고려 중기 유명한 문인이었던 이규보입니다. 무인 집권기에 살아남은 문인 중의 한사람인 그는 당대의 문장가로 손꼽히며 대표적인 작품으로는 주몽의 일대기를 소재로 한 서사시『동명왕편』이 있습니다.

그런 이규보(李奎報)의 문집(文集)인『동국이상국집(東國李相國全集)』에는 고양이와 관련된 시가 몇 편 등장합니다.

「득흑묘아(得黑貓兒) - 검은 고양이를 얻다.」
보송보송 푸르스름한 털 동글동글 새파란 눈
생김새는 범 새끼 비슷하고 우는 소리 집 사슴 겁준다.
붉은 실끈으로 목사리 매고 참새고기를 먹이로 준다.
처음엔 발톱을 세워 성내더니 점차로 꼬리 치며 따르네.
옛날엔 내 살림이 가난하여 중년까지 너를 기르지 않아
쥐 떼가 제멋대로 설치면서 날 선 이빨로 집을 뚫고
장롱 속에 옷가지 물어뜯고 너덜너덜 조각을 내놓았네.
대낮에 책상 위에서 싸움질하여 벼룻물을 엎지르기도 하고
내 그 행패가 몹시 미워 장탕의 옥사[95]를 갖추려 했지만
빨리 달아나므로 잡지는 못하고 공연히 벽만 안고 쫓을 뿐이었다.
그런데 네가 내 집에 있고부터는 쥐들이 이미 움츠려들었으니
어찌 원장만 완전할 뿐이랴 뒷박 양식도 보전하겠다.
권하노니 공밥만 먹지 말고 힘껏 노력하여 이 무리를 섬멸하라.

    검푸르고 보송보송한 털, 파랗고 동그란 눈, 범과 같은 생김새와 기상 넘치는 울음소리. 이규보는 시의 첫 부분에서부터 집에 들인 검은 고양이에 대한 애정이 듬뿍 드러내고 있습니다. 시에서도 밝혔듯 그가 고양이를 들인 이유는 집에 쥐가 넘쳐났기 때문이었습니다.

    쥐떼들은 집을 구멍 내고 옷가지를 찢어놓고 제멋대로 날뛰어 그

---

[95] 장탕은 한(漢) 나라 때의 옥관(獄官)으로 그가 어렸을 적에 집을 보다가 쥐에게 고기를 도둑맞은 일이 있었는데, 외출에서 돌아온 아버지에게 심한 꾸중을 듣고서는 쥐 굴을 파헤쳐 쥐를 잡고 먹다 남은 고기도 꺼내어 뜰에다 감옥의 모양을 갖추어 놓고 핵문(劾文)을 지어 쥐를 신문하였다. 그의 아버지가 그 글을 보니 노련한 옥리(獄吏)보다 나았으므로 크게 기이하게 여겼다 한다. 『한서(漢書)』 권59

우리나라 역사 속 고양이 이야기

로 인한 피해가 이만저만 아니었던 모양입니다. 하지만 그 행패가 미워도 집이 가난하여 두고 볼 수밖에 없었으니 더욱 분했을 겁니다. 그러던 차에 형편이 피어 고양이를 기를 수 있게 되었으니 얼마나 기뻤을까요.

이규보가 어떤 경로로 고양이를 들이게 되었는지는 정확히 알 수 없습니다. 다만 '득묘(得猫)'라는 뜻이 '고양이를 얻다.'라는 의미이고 보면 누군가로부터 받아 입양을 하였거나 길고양이를 기르게 되었을 거라고 짐작해 볼 수 있습니다.

그는 우선 자신의 고양이가 된 그 검은 고양이의 목에 붉은 실을 매달아주고 참새고기를 먹이로 주며 마음을 얻으려고 갖은 애를 썼습니다. 처음에는 발톱을 세우며 성을 내었으나 이규보의 지극 정성이 닿았는지 고양이는 꼬리를 치며 그를 집사로 받아들인 모양입니다. 이에 고무된 그는 쥐떼를 몰아낼 거란 기대감에 한껏 부풀어 올랐습니다.

[사진53] 이규보(李奎報:1169~1241)
표준영정 출처-전통문화포털

그렇다면 그의 기대감처럼 이 흑묘(黑猫)는 쥐를 모두 몰아냈을까요? 같은 문집의 다른 시에서 그 해답을 찾을 수 있습니다.

「고양이를 꾸짖다(責猫)」
감춰 둔 내 고기 훔쳐 배를 채우고
이불 속에 잘도 들어와 고르릉대는구나.
쥐떼가 날뛰는 게 누구의 책임이냐
밤낮을 가리지 않고 버젓이 횡행하네.

이를 보면 안타깝게도 이규보의 바람대로 되지는 않은 것 같습니다. 흑묘는 영리하게도 그가 감추어 둔 고기를 찾아 먹고 쥐를 잡기는커녕 오히려 따뜻한 이불 속으로 들어와 고르릉 소리를 내니 이규보로선 참으로 기가 막힌 노릇이었을 것입니다.

그럼 이규보는 제 역할을 못하는 흑묘를 어떻게 했을까요?
내쫓았을까요?

「쥐의 광란을 읊다(鼠狂)」
고양이 기르는 것은 너희들을 잡으려는 게 아니라
네가 고양이를 보고 스스로 겁내어 숨기를 바라서인데
너희들은 왜 숨지 않고 도리어 벽과 담을 뚫고 들락날락 하느냐
나와서 노는 것도 완악한데 하물며 광란을 부린단 말인가
시끄럽게 싸워 잠을 방해하고 약삭빠르게 사람의 음식을 훔치누나
고양이가 있는데도 너희들이 날뛰는 건
실은 고양이의 재주가 없어서이다

고양이가 제구실 다 못했다 하여도 너희들의 죄는 역시 많으니라
고양이는 매질로 쫓아낼 수 있지만 너희들은 잡아 묶기 어려우니
쥐야 쥐야 그 버릇 고치지 않는다면
다시 사나운 고양이로 너희들을 다스리겠다

쥐를 잡는 재주가 없어서 매질을 하여 쫓아내고 싶었겠지만 이규보는 그러지 않고 쥐를 탓하며 이런 시를 남겼으니 아마도 이규보는 끝까지 흑묘를 사랑해 주었을 겁니다. 참고로 고양이는 굳이 쥐를 잡지 않아도 존재만으로도 천적으로서의 역할을 다한다고 합니다. 이는 고양이 오줌에 있는 펠리닌(L-Feilinin)이라는 성분 때문입니다.

2015년 러시아 모스크바에 위치한 세베르초프 생태환경진화연구소의 발표에 따르면 이 성분의 냄새를 맡은 쥐는 스트레스 호르몬 수치가 높아져 유전학적으로 고양이에게서 도망가도록 진화했다고 하지요. 또한 임신한 쥐가 고양이의 오줌에 노출되면 유산되거나 적은 수의 새끼를 낳는다고합니다.[96]

2) 이색(李穡:1328년~1396년)

고려시대 또 다른 대표적인 애묘가로는 고려 후기 대표적인 문신이자 학자였던 이색(李穡:1328~1396)이 있습니다. 그는 고려의 마지막 충신인 정몽주(鄭夢周:1337~1392)와 조선 건국의 일등공신인 정도전(鄭道傳:1342~1398)의 스승이기도 하지요.

이색이 활약하던 고려 후기는 권문세족이 전횡을 일삼아 나라가

---

[96] 한국일보 2018.10.26.「고양이 오줌은 쥐의 행동을 제어한다.」

고양이를 사랑한 우리나라 역사 속 인물들

어지러웠던 혼란의 시대였습니다. 권문세족들은 제 잇속만 챙기며 백성들의 땅을 빼앗아 그 경계가 산과 산, 강과 강에 이르니 백성들은 그야말로 부쳐 먹을 작은 땅이 없어 생활이 궁핍해졌고 결국 유리걸식하거나 남의 집 노비가 되는 경우가 다반사였지요. 우리가 흔히 쓰는 표현인 '입추(立錐)의 여지가 없다.' 즉 '송곳 꽂을 땅도 없다.'라는 말도 바로 이 시대에 탄생한 말이라고 합니다.

[사진 54] 이색(李穡:1328~1396)
출처-국립중앙박물관

손님이 오는 것마저 사절할 정도로 추위가 무서울 정도로 극심했던 어느 날. 그런 이색의 집에 고양이 한 마리가 찾아듭니다. 마침 그는 화로에서 불을 쬐고 있었는데 추위에 떨고 있는 그 고양이가 가엾게 여겨져 문을 열어 맞이하였지요. 고양이 역시 사람을 잘 따랐던지 얼른 안으로 들어와 이색의 옆에 앉아 함께 온기를 나누었습니다.[97]

---

[97] 『목은집(牧隱集)』, 「목은시고」 27권 「추위를 무서워하다.(畏寒)」

173

그렇게 이색의 집에 들어오게 된 고양이는 곧 임신을 하게 되었고 어느 저녁 새끼를 낳기 위해 안간힘을 쓰고 있었습니다. 이에 잠에서 깬 이색이 소리가 나는 쪽으로 다가가 보니 어느새 출산을 마친 고양이가 자신의 새끼를 핥아주고 있었지요.

『목은집(牧隱集)』에는 그때 이색의 심정을 보여주는 시가 실려 있습니다.

「고양이가 새끼를 낳다.(猫生子)」
고양이는 가축 중에 사람과 가장 친하고
생김새 경쾌한 데다 성질도 잘 길드는데
갑자기 한밤중에 자는 나를 놀래 깨우곤
새끼 낳아 핥아주니 그 사랑을 알 만하네.
승냥이 호랑이는 워낙 친하기 어렵지만
고양이는 견마처럼 길들일 수도 있나니
어찌 유독 영주에만 쥐들이 많으리오
탐포한 자 제거하는 게 바로 인이라네.
지공하면 친한 이도 피혐할 것 없거니와
악 제거하면 착한 이 길들일 수 있다네
다만 한 고양이한테 천리가 드러났을 뿐
악인 내치는 건 원래 제왕의 인이고말고

고양이를 사랑한 우리나라 역사 속 인물들

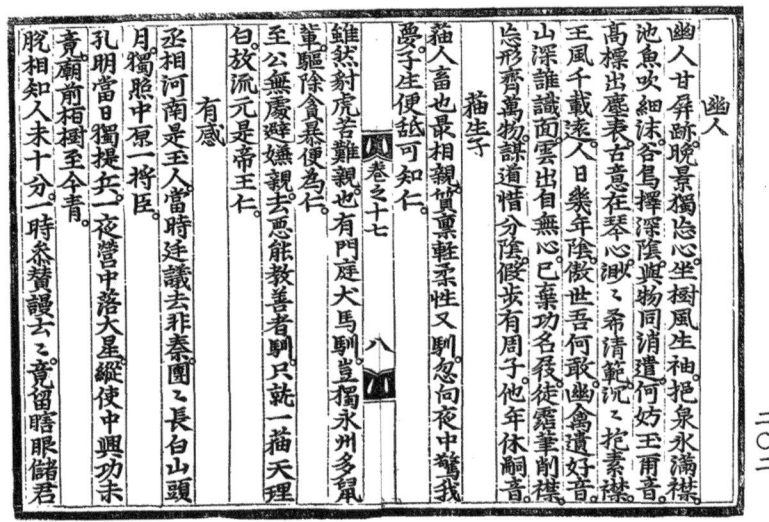

[사진 55] 『목은집(牧隱集)』, 「고양이가 새끼를 낳다.(猫生子)」

성리학자답게 이색은 새끼를 정성스레 돌보는 고양이를 보며 두 가지의 인(仁)을 느꼈습니다. 그 하나는 쥐를 잡는 고양이의 인(仁)이었지요. 당시 학자들은 곡식을 훔쳐 먹는 쥐를 '탐관오리'에 비유하곤 하였습니다.[98] 그러니 그 탐포한 쥐를 제거하는 고양이는 자연스럽게 곧 올곧은 관리의 상징이 되었지요.

이는 이색이 인용한 당(唐)나라 시대 '영주(永州)'에서 일어난 고사에서 더 분명하게 드러나고 있습니다. 당나라의 문인이자 정치가였던 유종원(柳宗元)의 「서설(鼠說)」에 의하면 영주에 사는 아무개가 그의 생년(生年)이 자년(子年)인바 자(子)는 곧 쥐(鼠)의 신(神)이라 하여

---

[98] "관원에게 그 직책을 물으면 백성의 부모(父母)가 된다고 한다. 그러나 그 행적(行迹)을 살펴보면 백성의 원수이다. 백성이 지혜와 힘을 다하여 지은 농사와 만든 기물(器物)로써 부모 처자를 봉양하지 못하고, 허리를 굽신거리며 원수에게 다 바치니, 이것이 다 익은 곡식을 참새가 쪼아먹고 창고의 곡식을 쥐가 파먹는 것과 무엇이 다르겠는가?" - 『성호사설(星湖僿說)』 제8권 「생재(生財)」

쥐를 대단히 사랑한 나머지, 고양이를 기르지 않고 창고나 푸줏간을 모두 쥐에게 맡겨서 제멋대로 훔쳐 먹고 갉아대도록 내버려 두었답니다. 이후 그 주인이 마침내 그 집을 떠나고 다른 사람이 그 집에 들어와서는 극성을 떠는 꼴을 보고는 모두 잡아 죽였다고 합니다.

이 글은 표면적으로 '쥐를 그대로 두어 한 가정이 파탄지경에 이르렀다.'는 말을 전하고 있으나 사실 '쥐로 대변되는 탐관오리를 방치하면 결국엔 나라가 멸망한다.'라는 뜻을 그 안에 두고 있는 것이지요. 때문에 이색이 이 시에서 말하는 고양이의 인은 곧 난신들이 판을 치는 고려를 개혁하려고 나선 그 자신의 나아갈 길에 대한 다짐이었을 것입니다. 고양이의 두 번째 인(仁) 역시 큰 맥락에서는 첫 번째의 그것과 다르지 않습니다. 이색의 제자였던 정도전이 저술한 『경제문감(經濟文鑑)』(1395)에는 다음과 같은 문장이 나옵니다.

"관리는 백성의 유모(乳母)이자 목자(牧子)이다."

고양이가 제 자식에게 젖을 먹이고 핥아주는 것을 보며 이색은 백성들을 이렇게 사랑해야 하는 관리의 인(仁)을 떠올렸을 것입니다.

하지만 이러한 굳센 다짐과 실행은 허망하게 빛을 잃고 맙니다. 무엇보다 뼈아픈 건 개혁의 방향을 두고 자신이 아꼈던 두 제자가 결국 반목하게 된 것이지요. 이미 고려라는 나라로는 백성들을 위한 개혁을 진행하기 어렵기 때문에 새로운 나라가 필요하다는 정도전과 고려를 지키며 개혁을 완수해 나가려는 정몽주를 곁에서 지켜보며 이색은 어떤 마음이었을까요?

「개와 고양이의 다툼(猫狗鬪)」
개는 서방 금화의 기운을 타고났기에
몸이 건위에 있으니 어찌 그리 굳센고
고양이는 범 같으면서도 몹시 연약하지만
악을 미워할 땐 고슴도치처럼 털을 세우네.
문 지켜 도둑 막아 전재를 풍부케도 하고
창고 맡아 쥐 잡아서 미곡을 보호도 해라
공을 논하자면 한집의 난형난제이거니
상부상조의 처지에 왜 서로 불평하는고
개가 떠나면 응당 도둑이 욕심을 부릴 거고
고양이가 떠나면 응당 쥐가 판을 칠 터이니
주인은 앉았어도 불안하고 잠도 못 이루어
혈기가 쇠해지면 어떻게 오래 살 수 있으랴.
개여 고양이여 어느 때나 서로 합심할런고
백발의 목은이 방금 조용히 읊조리노라니
선선한 긴 바람이 높은 숲에 불어오누나

   이색에게 있어서 정도전과 정몽주 이 두 제자는 한 집안을 지키는 '개'와 '고양이'처럼 이 나라를 위해서 반드시 필요한 인재였을 것입니다. 개는 문을 지켜 도둑을 막아 재물을 지켜주고 고양이는 쥐로부터 곡식을 보호해주는 것처럼 두 제자 역시 다르지 않았을 것입니다.
   강한 추진력이 있는 정도전과 안정된 국정운영의 경험을 지닌 정도전이 힘을 합쳐 나라를 이끌어준다면 혼탁한 고려가 다시금 백성을 위한 나라로 탈바꿈할 수 있을 것이라고 그는 믿어 의심치 않았을 것입니다. 개가 없다면 도둑이 들 것이고, 고양이가 없다면 쥐가 판을

쳐 곡식을 훔쳐 먹을 것이니 이색은 둘 중 하나를 내칠 수도 없었습니다. 제자들을 생각하는 그의 마음 또한 다르지 않았을 테지요. 그러니 바람 불어오는 그 어느 밤에도 밤잠을 설치며 두 사람으로 화합을 간절히 바랐던 것이겠지요. 하지만 끝내 두 사람은 화합을 이루어내지 못했습니다.

1392년 4월 제자인 정몽주는 훗날 조선의 3대 임금이 되는 태종(太宗) 이방원(李芳遠)에 의해 선죽교에서 피살된 후 끝내 고려는 망하고 맙니다.

고려에 대한 충절을 끝까지 지키려 했던 이색은 역시 금천·여흥·장흥 등지로 유배된 뒤 풀려났습니다. 조선 개국 후 그의 재능을 아꼈던 태조(太祖) 이성계(李成桂)는 재위 4년(1395)에 그를 한산백(韓山伯)으로 봉하고 출사(出仕)할 것을 권유하였지만 끝내 이를 고사하고 산천을 유람하며 살아가던 그는 여강(驪江:현재의 여주)으로 피서를 가던 도중 병을 얻어 69세의 나이로 그 생을 다하고 맙니다.

3) 서거정(徐居正: 1420년~1488년)
서거정은 조선 문종, 세조, 성종 때의 문신이며 학자입니다.
아버지는 안주 목사(安州牧使)를 지낸 서미성(徐彌性)이란 인물이었고, 어머니는 고려 말~조선 초의 대학자이자 개국공신이었던 권근(權近)의 따님이었습니다.

10대 시절에는 원주(原州)에 유배되어 있던 태재(泰齋) 유방선(柳方善)이란 분을 찾아가 수년간 그의 문하에서 수학했는데, 바로 이때 훗날 계유정난을 일으켜 수양대군을 임금으로 옹립한 권람과 한명회(韓明澮)도 함께 공부하였습니다.

서거정은 19세 때인 1438년 생원시과 진사시에 모두 합격했으며, 1444년에는 과거에 급제하면서 관직 생활을 시작하였지요. 이후 그의 문장 능력은 특히 외교 현장에서 매우 큰 빛을 발합니다.

1460년 명나라의 사행 길에 안남국(安南國:오늘날의 베트남)의 사신이자 명나라의 과거에서 장원까지 했던 양곡(梁鵠)이란 인물을 만나 서로 시문(詩文)을 겨룬 일이 있었습니다. 그런 그가 서거정을 두고 '천하의 기재(奇才)'라 탄복하였다는 것입니다. 또한 요동(遼東) 사람인 구제(丘霽) 역시 "이사람의 문장은 중원(中原)에서 구하더라도 많이 얻을 수 없다."라며 극찬하였다고 합니다. 이 뿐만 아니라 1476년 사행에서는 명나라의 호부낭중(戶部郎中) 기순(祈順) 또한 그의 글을 보고 감탄하여 이르기를 ' 자신이 미칠 수 없다.'하며 조선에 이와 같은 이가 얼마나 되느냐고 물었다 하니 그야말로 문장으로 국격을 한껏 드높인 인물이었습니다.

이런 그의 문장실력은 나라에서도 인정받아 『경국대전(經國大典)』 『동문선(東文選)』 『동국여지승람(東國輿地勝覽)』 『동국통감(東國通鑑)』 등 나라 안의 주요한 서적들을 주도하여 편찬하였고 개인 시집으로는 『사가집(四佳集)』과 『필원잡기』 등이 있습니다.

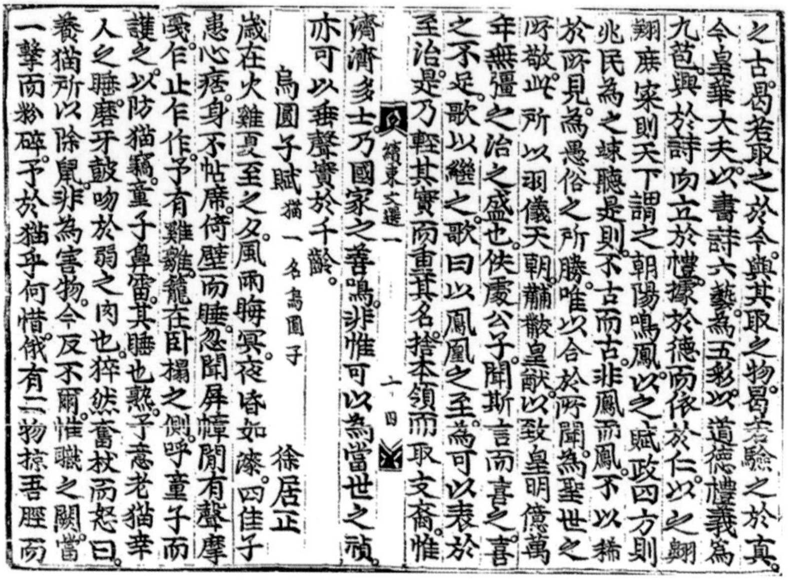

之古焉若取之於今與其取之物焉若驗之於真
今皇華大夫以書詩六藝為五彩以道德禮義為
九苞興於詩而立於禮據於德而依於仁以之翱
翔庠序則天下謂之朝陽鳴鳳以之賦政四方則
兆民為之竦聽是則不古而古非鳳而鳳不以稀
於所見為愚俗之所勝唯以合於所聞為聖世之
所敬此所以羽儀天朝黼黻皇猷以致皇明億萬
年無疆之治之盛也佚處公子聞斯言而喜之喜
之不足歌以繼之歌曰以鳳凰之至為可以表於
至治是乃輕其實而重其名捨本領而取文裔惟
續東文選一 十一
濟濟多士乃國家之善鳴非惟可以為當世之禎
亦可以垂聲實於千齡
烏圓子賦 猫一名烏圓子 徐居正
歲在火雞夏至之夕風雨晦冥夜昏如漆四佳子
患心痞身不帖席倚壁而睡忽聞屏幃間有聲摩
戛乍止乍作予有雞雛籠在臥榻之側呼童子而
護之以防猫竊童子鼻雷其睡也熟予意老猫幸
人之睡磨牙鼓吻於弱之肉也猝然奮杖而起曰
養猫所以除鼠非為害物今反不爾惟饞之閱當
一擊而粉碎予於猫乎何惜俄有二物掠吾脛而

[사진 56] 『동문선(東文選)』 「오원자부(烏圓子賦)」

그런 조선의 대문호 서거정에게 있어서 고양이는 매우 특별한 존재였습니다.

『동문선(東文選)』 「오원자부(烏圓子賦)」
정유년 하지날 저녁 풍우가 컴컴하여
어둡기가 칠야인데 사가자(내)가 심화병을 앓아
몸이 자리에 붙지 않고 벽을 의지하여 졸더니
문득 병장 사이에서 바스락 바스락, 찍 찍 그쳤다 났다 한다.
내가 누운 탑 옆에 병아리 둥우리가 있기로
동자를 불러 그것을 보호하여 도둑고양이를 막으라 했으나
동자는 코를 골며 깊이 잠들어 깨지 않았다.
내가 생각하기를, 아마 늙은 고양이놈이 사람의 자는 틈을 타서

약자의 고기를 먹으려고 어금니를 갈고 주둥이를 벌름거리나보다

내가 갑자기 막대기를 들고 성나 말하되

고양이를 기르는 것은 쥐를 제거하기 위함이요

딴 물건을 해하려 함이 아닌데

이제 도리어 그렇지 않고 제 직책을 궐하니

내 마땅히 한 번 때려 부수고 말리라

고양이를 아껴 무엇하랴.

그러자 두 물건이 내 정강이를 스치며 휙 지나가는데

앞 놈은 작고 뒷 놈은 크니 고양이가 쥐를 잡으려 쫓는 듯

동자를 차 깨워 촛불로 비쳐 보니

쥐는 벌써 도살되었고, 고양이는 제자리에 가자고 있다

사가자(내)가 짐짓 놀라 가로되

고양이는 쥐를 잡아 제구실을 다했거늘

내가 불명하여 억측으로써 고양이를 의심하였도다

아, 거의 불측에 빠질 뻔하였구나.

아, 쥐란 놈은 동물 중에도 제일 천한 것

....(중략)...

요리뛰고 조리날쳐 하늘이 그 악을 미워하니

그러므로 국풍엔 큰놈을 풍자하고 춘추엔 먹을 것을 썼구나

이때를 당하여 오원자의 구제하는 공이 없으면

어찌 너를 버리고 저 땅에 가지 않게 될건가

내 일찍이 예기를 읽으니 고양이를 대우함이 법이 있음은

내 농사를 잘되게 하여 민생에 이택을 주기 때문이라더니

내가 오원자를 기름도 그 때문이라

나와 침구를 같이하고 내 만난 것 나누어주니

오원자가 지기에 감격하여 기운을 뽐내고 용기를 떨치며
재주를 발휘하고 기술을 펴 보인다.
야옹하는 그 소리 무섭게 노려보다가
번개 치듯 홱 달리고 바람 치듯 휙 몰아드니
쥐란 놈들 넙적 엎드려 사람의 절하는 형용을 하네.
산 것을 움켜쥐고 달아나는 놈을 쳐서 뛰며 날치며 놀리어
눈을 빼내고 머리를 자르기도 낭자하게 찢어발겨
간과 골을 땅에 바르고 소굴까지 소탕하여 종자도 안 남기니
이때를 당하여선 비록 육식하는 후를 봉하고
날마다 대관의 음식을 공급하여도
그 공을 보상하고 그 덕을 갚지 못하려거든
왜 내가 잠깐 불찰하여 이런 잘못을 범했던고
하마터면 너는 정직으로 해를 사고
나는 의심으로 무고한 너를 잘못 죽일 뻔했으니
내가 비록 병아리에겐 인자했으나 네게는 인자하지 못하여
쥐를 위하여 원수를 갚았더라면 어찌 옳은 도리랴.
아, 천하의 사리가 무궁하고 사람의 태도가 유만부동이어서
의심치 않을 데 의심을 두고 정작 의심할 데는 의심치 않으니
의심과 의심치 않음의 호리의 틀림이 천 리의 상위

 이치로써 헤아리지 않고 마음으로만 헤아리고 사실을 따지지 않고 비슷함으로만 판단한다면 그 중간에 모조리 닭이랑 쥐 때문에 오원자에게 의심을 품게 되지 않을까 동자를 불러 이 사연을 쓰고 인하여 스스로 맹세하노라. 1477년, 역관이었던 조숭손(趙崇孫)이 중국에 갈 때 금지 품목이었던 마포(麻布), 수달피(水獺皮), 호피(狐皮), 초피(貂

皮)를 가지고 가다가 적발된 일이 발생했습니다. 이때 우의정 윤자운(尹子雲), 전라도 관찰사 이서장(李恕長) 등 13인이 조숭순에게 베와 잡물을 주었던 것이 문제가 되어 처벌되었는데 이 일에 당시 우찬성이었던 서거정이 연루되어 함께 파직당하게 되었습니다. 그러나 서거정은 심문에서 말하기를 자신은 이 일을 알지 못하며 얼질(孽姪:서얼 조카)이었던 서팽형(徐彭衡)이 부탁하여 조숭손이 그곳에 자신의 군호인 '달성(達城)'을 쓰는 바람에 이와 같은 일이 생긴 것이라고 호소하였습니다.

이처럼 오해를 받고 파직까지 당해 집안에서 두문불출하고 있던 어느 날. 서거정은 키우고 있던 고양이가 마당에 있던 병아리를 공격하는 광경을 목격합니다. 이에 화가 난 그는 고양이를 막대기를 들고 때려잡으려고 하였는데 바로 그 순간 무언가 자신의 정강이를 휙 스쳐 지나가는 것이었습니다. 자세히 보니 그것은 다름 아닌 쥐였고 고양이는 바로 그 쥐를 잡으려 했던겁니다. 이에 서거정은 자신의 오해를 후회하며 글을 쓰니 바로 그것이「오원자부(烏圓子賦)」입니다.

여기서 '오원자'는 고양이의 별칭이고 '부(賦)'란 '작자의 생각이나 눈앞의 경치 같은 것을 있는 그대로 드러내 보이는 문체의 하나'입니다. 『사가집』「고양이의 그림」에는 "예경의 글에도 나타나 있거니와 빈아에선 풍년을 아뢰기도 하였지. 곳곳마다 사람들이 다 보호하거니 집집마다 길러도 해롭지 않고말고 검은 눈동자는 참으로 예쁘건만 황이(黃耳)는 부질없이 노닐기만 하네."라는 구절을 보면 서거정이 키웠던 고양이 이름이 '황이'였음을 추측해 볼 수 있지요.

일찍이 남조 양나라 임방(任昉)의 『술이기(述異記)』에는 삼국지 속

우리나라 역사 속 고양이 이야기

오나라 장수 육손(陸遜)의 손자이자 진(晉)나라의 관리였던 육기(陸機)가 기르던 애견(愛犬)의 이름이 황이(黃耳)였다고 합니다. 그 개가 매우 총명하였는데 사람의 말을 잘 알아들어 육기가 편지를 넣은 죽통(竹筒)을 목에 걸어서 낙양(洛陽)과 오지(吳地)의 몇천 리 길을 오가며 소식을 전하게 했다는 이야기가 기록되어 있지요.

한편 보통 노란 빛깔을 띤 개를 '누렁이'라고 하는데 '황이'는 바로 '누렁이'의 한자식 표현입니다. 이를 통해 서거정이 키운 고양이가 황금 빛깔의 고양이임을 알 수 있습니다.

이렇듯 옛 고사와 그 특성 등을 고려해 서거정은 자신이 기르던 고양이에게 '황이'라는 이름을 지어주었던 것 같습니다. 바로 이 '황이' 즉 '누렁이'는 이름이 밝혀진 우리나라 역사 속 최초의 고양이인 셈입니다.

아무튼 이 「오원자부」는 임금의 오해와 자신의 처지를 빗대어 쓴 글이었는데 우연한 일치인지 서거정은 이 글을 쓴 직후에 임금의 명으로 복직된 후 승승장구하며 여생을 마치게 됩니다.

「김동년(金同年)이 부친 시에 차운하다.」
잘못된 계책으로 태평한 조정 저버렸으니
어찌 관소 같은 명성을 이룰 수 있으랴만
굳은 절개 지키는 덴 오직 대와 같을 뿐이요.
텅 빈 속 막히지 않음은 파초와도 흡사하지
풀 무성한 지관엔 제비가 쌍쌍으로 날고

꽃잎 날린 발창 아랜 고양이가 홀로 자누나
백발이라 귀향길 이미 늦은 게 부끄러워라.
남으로 고향 바라보니 길도 멀지 않은걸

「설중(雪中)에 우연히 읊다.」
주렴에 흩날리는 눈발 뿌옇게 쌓일 제
잠시 병풍 둘러치고 화로 끼고 앉아서
조용히 술 마시어 얼굴 반쯤 붉은 채로
고양이와 함께 한가로이 잠을 청하네.

「사일(社日)* 뒤 사흘째 되던 날에」
새벽부터 겹옷 입고 앉았노라니
띠 지붕에 아침 해가 맑게 비치네.
침상 곁에선 고양이가 자게 놔두고
주렴 열고 가는 제비를 전송하네.
중양절 놀이 계획은 다 이뤘건만
백조와의 맹세는 또 저버렸어라.
가슴속에 많은 계책이 있다 해도
옷자락 떨치고 떠남만 못하고 말고

*사일(社日)
입춘(立春) 이후 다섯 번째 무일(戊日)인 춘사(春社)와 입추(立秋) 이후 다섯 번째 무일인 추사(秋社)를 통칭한 말인데, 여기서는 곧 추사를 말한 것이다. 속설에 의하면, 제비는 춘사에 남쪽 나라로부터 왔다가 추사에 다시 남쪽 나라로 돌아간다고 한다.

「즉사(卽事)」
대자리에 누우면 몸이 편안하고
꽃 핀 뜨락엔 발걸음 절로 더뎌라
한가로이 고양이는 온종일 잠만 자고
기쁜 까치는 한참 동안 지저귀네.
포도 넝쿨 시렁엔 푸른빛이 듣고
탱자나무 울에선 향기가 풍기는 구나.
생계 영위가 졸렬하다 말을 마소
손 만류할 거문고 바둑은 있는 걸

4) 성현(成俔:1439년~1504년)
서거정의 제자이기도 했던 성현은 조선 전기를 대표하는 명신 중에 한 사람입니다. 학문과 문장도 뛰어났으나 특히 그가 두각을 나타낸 부분은 음악 관련 분야였지요.

1493년에 그는 경상도 관찰사에 제수되었는데 음률에 정통했던 그는 당시 장악원제조(掌樂院提調)도 겸하고 있었습니다. 이로 인해 오가는 불편함이 있자 성종 임금은 한 달 만에 예조판서로 제수한 일화는 유명합니다.

이러한 능력을 발휘해 그는 『쌍화점(雙花店)』 등 고려가사(高麗歌詞)를 바로잡았고, 『악학궤범(樂學軌範)』을 편찬하였는데 이는 음악

이론서일 뿐만 아니라, 음악을 연주하기 위한 실용서적으로 오늘날 우리나라 음악사에 매우 중요한 사료로도 평가받고 있습니다. 이런 성현은 불현듯 운명처럼 하얀 털을 가진 고양이를 만나게 됩니다.

소위 고양이의 간택을 받았던 것이지요. 결국 한눈에 반해 버린 그는 집안으로 고양이를 들였고, 애교도 넘치고 쥐도 잘 잡으니 금세 고양이 사랑에 빠지고 말았습니다. 그런데 문제는 그 고양이가 성격이 너무 좋다는 것에 있었습니다. 고양이는 자신의 정체성을 잃어버리고 개들과 함께 놀았던 것이지요.

맛난 음식에 비단방석까지 깔아주며 애지중지 기르기를 4년이 지나고 어느 날 여느 때처럼 개들과 놀다가 별안간 그 개들에게 물려 죽게 되는 횡액을 당하게 됩니다. 이때 그의 슬픔을 뭐라 말할 수 있었을까요. 슬픔에 젖은 채로 성현은 그 고양이를 묻어주며 그 마음을 담아 제문을 지었습니다.

'보고 싶다.'

제문의 그 마지막 말은 고양이에 대한 성현의 사랑을 절절하게 보여주고 있습니다.

『허백당문집』 제14권 제문(祭文)
– 흰 고양이를 묻어 주며 지은 글(瘞白貓文)

집에 기르는 고양이가 있었는데 눈처럼 희고 성질 또한 길이 들어 친근하였다. 나는 그 고양이를 사랑하여 길렀다. 어느 날 개떼에게 물렸다. 이에 중니(仲尼)가 개를 묻어 준 뜻을 본받아 종 김가(金哥)에게 명하여 송산(松山)의 언덕에 묻어주게 하였다. 나는 한 편의 글을 지었다.

이런 동물 저런 동물 중에 토끼도 아니고 살쾡이도 아니면서
마음이 어찌 그리 교활하며 모습은 또 어찌 그리 비굴한가
날카로운 발톱과 강한 어금니로 위엄을 드러내 보이네
새벽엔 눈이 둥글고 한낮엔 가늘어서 시간을 알려 주는 것 같네
바른 색을 타고났고 용모 또한 흠이 없구나
눈 같은 털 고결하고 눈 같은 털 곱기도 하지
너의 모습을 사랑해서 벌레를 주어 맞이하였네
나에게서 먹고 나에게 의지해 4년간 이곳에서 지냈지
비단 방석 깔고 앉아 배불리 먹고 재롱도 피웠지
낮에는 어슬렁거리고 밤에는 활동해 그 기미를 잘도 탔지
사람 위해 해악을 제거하였으니 그 공이 작지 않아라.
신의가 사물에 미치지 못했으니 나의 덕이 쇠하였구나.
북평왕은 어떤 사람이기에 고양이를 내치지 않고 젖을 먹여주었나.
개가 사납게 짖어 대며 무리 지어 와서 속이는데
너는 피할 줄을 모르고 이리저리 따라다녔구나
마침내 물리는 횡액 당했으니 위태로운 때를 만난 것이로다.
다른 종류인 줄 알지 못하고서 강물 가에 임하였네.
쥐들은 서로 경하하며 무리 지어 느릿느릿 가는구나
이제 창고엔 온전한 곡식 없고 상자엔 성한 옷이 없으리라
너를 생각하는 이때 더없이 슬프고 더없이 보고 싶구나

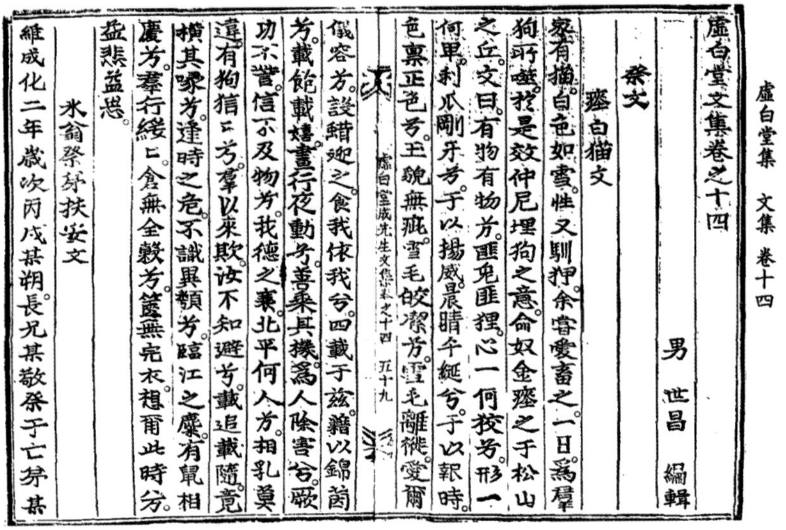
虛白堂集 文集 卷十四

虛白堂文集卷之十四

男 世昌 編輯

祭文

瘞白猫文

家有猫白色如雪性又馴狎余嘗愛畜之一日爲犛
狗所噬於是效仲尼埋狗之意命奴金瘞之于松山
之丘文曰有物有物兮匪兎匪狸心一何狡兮形一
何巧利爪剛牙兮于以揚威晨睛午綖兮于以報時
色稟正色兮玉貌無疵雪毛皎潔兮雪毛離褷愛爾

虛白堂成先生文集卷之十四 五十九

儀容兮設蜡迎之食我依我兮四載于茲藉以錦茵
兮載飽載嬉晝行夜動兮善乘其機爲人除害兮厥
功不嘗信不及物兮我德之褰北平何人兮相乳莫
違有狗猘猘兮羣以來欺汝不知避兮載迫載隨竟
横其喙兮逢時之危不識異類兮臨江之麋有鼠相
慶兮羣行緩緩倉無全穀兮篋無完衣想爾此時兮
益悲益思

氷翁祭芬扶安文

維成化二年歲次丙戌某朔長兄某敬祭于亡芬某

[사진 57] 『허백당문집』 제14권 제문(祭文)

5) 이익(李瀷:1681년~1763년)

조선의 대표적인 실학자 이익은 명문 가문의 후손으로 태어났습니다. 할아버지 이지안(李志安)은 사헌부 지평을, 아버지 이하진(李夏鎭)은 사헌부대사헌과 사간원대사간, 진주목사를 지낸 인물이지요.

그러나 생후 1년 만에 아버지가 돌아가신 후 어머니 권씨 슬하에서 자라며 둘째 형 이잠(李潛)에게 글을 배웠습니다. 그런데 1706년 이익이 26세 되던 해 그의 인생을 바꾸어 놓은 결정적인 사건이 발생합니다. 그 해 9월에 둘째 형 이잠이 장희빈(張禧嬪)을 두둔하는 소를 올렸다는 이유로, 역적으로 몰려 17, 18차의 형신(刑訊) 끝에 47세를 일기로 끝내 옥사하고 만 것이지요.

이 일을 겪은 후 이익은 과거에 뜻을 버리고 평생을 안산의 첨성리라는 곳에 칩거하게 됩니다. 바다에 가까운 그 고장에는 성호(星湖)라는 호수가 있었는데 이익의 호도 여기에 연유되었다고 합니다. 이후 이익은 당대 문인들과 교류하며 학문 연구와 후학 양성에 몰두하였고, 허목, 윤휴, 유형원, 이서우의 학풍을 계승하여 실학과 성리학의 대가가 되었습니다. 또한 현실적인 문제에 대해 비판적인 태도로 고찰하고 그에 대한 개혁안을 제시하였는데 그 자신도 수많은 문하생들을 두었지요.

실증주의 역사학자로 유명한 순암 안정복과 택리지의 저자인 이중환, 기독교의 사후 세계를 논리적으로 비판한 신후담, 남인 정승 채제공, 천주교를 받아들였다가 화를 당한 이가환, 정약용 등이 그의 문하에서 배출되었습니다.

그는 가난 속에서도 직접 농사를 지으며 후학을 양성하고, 『성호사설』을 비롯해 100권의 서적을 집필 하는 등 열정적으로 학문과 생계 모두에 열중하였고, 제자들에게도 직접 농사지을 것을 권했는데 그의 신념인 '사농합일(士農合一)'은 곧 '선비는 농사로써 생계를 유지해야 한다.'는 주장이었고, 그는 자신의 이론을 직접 실천하였습니다.

고양이를 사랑한 우리나라 역사 속 인물들

[사진 58] 이익의 표준영정
출처-전통문화포털

이익이 고양이와 인연을 맺은 건 떠돌이 고양이가 그의 집에 들어오면서부터입니다. 그는 이 고양이를 '투묘(偸猫)' 즉 도둑고양이라고 했습니다.

이익은 쥐를 잡게 할 요량으로 녀석을 들였는데 오히려 음식을 훔쳐 먹는 등 말썽을 피우자 집안 사람들이 미워하였고 심지어 잡아 죽이려고까지 했었나 봅니다. 그러자 투묘는 그 무서운 손길(?)을 벗어나 다른 집으로 떠났습니다. 그런데 그 집 식구들은 먹을 것을 주고 집안에 들이니 그 고양이는 쥐를 잡아 보은하고 드디어 그 집에 입양되어 좋은 고양이(良畜)라는 이름을 얻게 되었다고 합니다.

이후 이익은 그 본성을 알지 못하고 도둑고양이로 여기며 죽이려고까지 한 자신을 후회하는데 이 깨달음 끝에 내놓은 "사람도 세상을 잘 만나기도 하고 못 만나기도 하는 자가 있는데, 저 짐승도 또한 그러한 이치가 있다."는 말은 그래서 마치 자신에게 하는 말 같기도 합니다.

떠돌아다니는 고양이 한 마리가 밖에서 들어왔는데, 천성이 도둑질을 잘 하였다. 더구나 쥐가 많지 않아서 배부르게 잡아먹을 수 없었다. 단속을

191

조금만 소홀히 하면 상에 차려 놓은 음식조차 훔쳐 먹게 되었다. 사람들이 모두 미워하면서 잡아 죽이려 하면 또 도망치기를 잘하였다. 얼마 후에 떠나 다른 집으로 들어갔다. 그 집 식구들은 본래부터 고양이를 사랑했던바 먹을 것을 많이 주어 배고프지 않도록 하였다. 또 쥐도 많아서 사냥을 잘하여 배부르게 먹을 수가 있었으므로, 드디어 다시는 도둑질을 하지 않고 좋은 고양이라는 이름을 얻게 되었다.

나는 이 소문을 듣고 탄식하기를, "이 고양이는 반드시 가난한 집에서 기르던 고양일 것이다. 먹을 것이 없는 닭에 하는 수 없어 도둑질하게 되었고, 이미 도둑질했기 때문에 내쫓기었다. 우리 집에 들어왔을 때도 역시 그 본질이 좋은 것은 모르고 도둑질하는 고양이로 대우하였다. 이 고양이가 그때 형편으로는 도둑질을 하지 않으면 생명을 유지할 수 없었기 때문이었다. 비록 사냥을 잘하는 재주가 있었다 할지라도 누가 그런 줄을 알겠는가? 그 옳은 주인을 만난 다음에 어진 본성이 나타나고 재주도 또한 제대로 쓰게 되었다. 만약 도둑질하고 다닐 때에 잡아서 죽여 버렸다면 어찌 애석하지 않겠는가. 아! 사람도 세상을 잘 만나기도 하고 못 만나기도 하는 자가 있는데, 저 짐승도 또한 그러한 이치가 있다."고 한다.

— 『성호사설』 제5권 「만물문(萬物門)–투묘(偷猫)」 —

이렇게 고양이에 입덕한 후 이익은 고양이를 입양해 키웠던 것으로 보입니다. 왜냐하면 이후 어두운 방에서 가만히 털을 어루만지기도 하고, 고양이 눈동자의 변화를 관찰하거나, 더운 날 코끝을 만져보기도 한 경험을 상세히 기록하며 한껏 고양이 사랑을 드러내고 있기 때문입니다.

고양이(猫)의 체질은 아주 뜨거운 까닭에 어두울 적에 손으로 가만히 털을 어루만지면 불티(火點)가 어지럽게 나타나면서 불타는 소리가 난다. 고양이는 서극 한대지방에서 온 것인데, 이처럼 더운 열이 나는 것은 무슨 까닭일까?

— 『성호사설』 제5권 「만물문(萬物門)-오릉출화(吳綾出火)」 —

고양이(猫)는 가리(家狸)라는 것이다. 해설한 자가, "이 가리는 장건(張騫)이 가져온 것인데, 서역(西域) 지방 추운 기후에서 태어난 짐승인 까닭에 코끝이 늘 차다가 오직 하지(夏至)날에만 잠깐 따뜻할 뿐이다." 하였다. 그러나 내가 징험해 보니, 하지에도 역시 여전히 차기만 하다. 그리고 어두운 밤중이 되면 가끔 그 털을 흔드는데 환한 불빛이 생기면서 털이 불에 타는 듯한 소리가 있고 털끝이 모두 꼬부라지게 된다. 사람들은 그 가죽을 모아 갖옷을 만들어 입는데 아주 따스하고 담결(痰結) 같은 병도 저절로 없어지게 되니, 어찌 찬 기운이 있다 할 수 있겠는가?
...(중략)...
옛사람의 시에,
고양이 눈 속에는 주천이 제대로 정해져 있어
자오(子午)로 지남침을 달고 묘유(卯酉)로 둥글게 돈다.
인신과 사해로 갈 때는 살구씨처럼 길쭉하게 되고
사계(四季)로 돌아올 때는 대추씨와 같이 뾰족하구나. 라고 하였다.
이는 추측컨대, 고양이 눈동자가 살구씨처럼 생겨서 시간을 빙빙 돈다는 것인 듯하다. 자오(子午)란 방위는 바로 남북인 까닭에 다만 그 한쪽 모만 드러내게 되고, 묘유(卯酉)란 방위는 동서(東西)로 가로 놓였기 때문에 그 둥근 전체가 나타나게 된다. 그 중간에 대추씨처럼 되기도 하고 살구씨처럼 되기도 하는 것은 모두 앞을 향하여 비뚜름하게 나타나는 까닭에 그 모습이 각각 다르게 되는 것이다. 혹 고양이가 성을 내게 될 때는 눈 속에 달린 지남침이 반드시 그 성내는 기를 따라 움직이는 까닭에 성을 내면 기가 따라 움직이게 되고, 눈동자도 역시 남북으로 바로 서게 된다는 것이다.

- 『성호사설』 제5권 「만물문(萬物門)-가리(家狸)」 -

그리고 그는 같은 글에서 다음과 같이 말하고 있습니다.

"요즈음 사람들은 이 가리의 고기를 약으로 쓰는데, 가슴과 뱃속에서 생기는 모든 담증(痰症)을 치료하니, 이는 옛날에는 없었고 지금 생긴 묘방(妙方)이라는 것이다."

'묘방'은 '절묘한 방법' 혹은 '효험 있는 처방' 있는 뜻이지만 예전에는 그렇지 않았다는 것은 곧 그러한 처방에 근거가 없다는 것을 의미합니다. 그래서 이 '묘방'이라는 단어에는 왠지 고양이를 희생시키는 잘못된 처방에 대한 적대적 감정이 은근히 드러내며 그의 고양이 사랑을 보여주고 있습니다.

6) 변상벽(卞相璧:?~?)

변상벽은 1763년과 1773년 두 차례에 걸쳐 영조(英祖)의 어진(御眞) 제작에 참여했을 정도로 뛰어난 화원이었습니다. 일찍이 숙종 때 화원(畵員)을 거쳐 그 능력을 인정받아 영조 때에는 벼슬이 곡성현감(谷城縣監)에 이르렀지요. 또한 정조 임금은 그의 공을 높이 사 아버지에 이어 화공(畵工)이 된 그의 아들에게 녹과(祿窠:녹봉을 받는 벼슬자리)에 붙이라는 명을 내리기도 하였답니다.

고양이를 사랑한 우리나라 역사 속 인물들

무엇보다 변상벽은 고양이 그림을 잘 그린 것으로 유명합니다. 그의 별명 역시 변묘(卞猫) 혹은 변고양(卞古羊)일 정도였으니까요. 화원이 된 후 큰 주목을 받지 못했던 그가 이름을 날린 것도 바로 고양이 그림 때문이었습니다.

"위항인(委港人:좁고 지저분한 거리를 뜻하는 것으로 중인이하 계급을 뜻한다.) 변씨는 약관에 고양이 그림에 능해 서울에서 명성을 날렸다. 그를 맞이하려는 자가 매일 문에 이르러 백 명을 헤아렸다. ...(중략)...
병인년 겨울 내가 힘써 오게 해 이틀을 머물게 하고 고양이 그림을 얻었다. 앉아있는 놈, 조는 놈, 새끼를 데리고 장난치는 놈, 나비를 돌아보는 놈, 엎드려 닭을 노려보는 놈 등 무릇 고양이가 주로 하는 일 다섯 가지를 그렸는데, 모두 변화무쌍한 자태와 분위기가 생기발랄해 살아 움직일 것 같았다. 특히, 털의 윤기를 함치르르 잘 그려내 까치가 보고서 울고 개가 돌아보고 무릇 짖었으며 쥐들은 보고 깊이 숨어 구멍에서 나오지 않았다 한다. 정말 기예로서 지극한 자라 하겠다."

변상벽은 말한다.

"재주란 넓으면서도 조잡한 것보다는 차라리 한 가지에 정밀해 이름을 이루는 것이 낫다고 생각하오. 나 또한 산수화를 그리는 것을 배웠지만 지금의 화가를 압도해 위로 올라설 수 없다는 것을 알았기에 사물을 골라서 연습했습니다. 저 고양이는 가축인지라 매일 사람과 친근하지요. 굶주리거나 배부르고 기뻐하거나 성내고 혹은 움직이거나 가만히 있거나 하는 모습을 쉽게 관찰해 익숙하게 됩니다. 고양이의 생리가 내 마음에 있고 모습이 내 눈에 있게 되면 그다음에는 고양이의 형태가 내 손에 닿아 나옵니다. 인간 세상에 있는 고양이도 수천 마리이겠지만 내 마음과 손에 있는 놈 또한 헤아릴 수 없답니다. 이것이 내가 일세에 독보적인 존재가 된 까닭입니다."

―정극순(鄭克淳:1700-1753),『연뢰유고(淵雷遺稿)』
「변씨화기(卞氏畵記)」[99] ―

당시에는 이름을 날리는 화가가 되려면 무엇보다 산수화를 잘 그려야 했습니다. 그런데 변상벽은 자신의 그림이 다른 화가의 그것보다 못하다고 여겼던 모양입니다. 그래서 다른 것을 대상으로 연습을 해야겠다고 결심했고 그렇게 택한 것이 집안에서 그와 함께 살고 있었던 고양이였습니다.

굶주리거나 배부르고 기뻐하거나 성내고 혹은 움직이거나 가만히 있거나 하는 모습 등 고양이의 역동적인 모습들을 보며 그는 끊임없이 그림을 그렸습니다.

말더듬이에 내성적인 성격으로 다른 사람들과 잘 교류하지 못했다는 변상벽은 그 대신에 고양이와 마음을 주고받으며 자신만의 그림세계를 훌륭하게 구축해냈고 이를 바탕으로 결국 일세의 대가가 될 수 있었던 것입니다.

---

[99] 네이버 캐스트, 한국미술산책- 묘작도(변상벽)

고양이를 사랑한 우리나라 역사 속 인물들

특히 두 마리의 고양이와 고목에 앉은 참새를 그린 변상벽의 대표적인 작품인 『묘작도(猫雀圖)』는 그 작품 세계의 진수를 보여줍니다.

나무에 오르는 한 마리의 고양이, 또 한 마리의 고양이는 아래에서 나무 위의 고양이를 올려다보며 무언가를 말하고 있습니다.

봄날인 듯 고목의 잔가지에는 새싹이 돋아 있고, 그 가지에 재잘거리는 여섯 마리의 참새가 그려져 있습니다. 하나하나 제각기 특색을 드러내는 고양이의 터럭들, 부드러운 곡선을 이루는 굽은 등, 치켜세운 꼬리, 눈의 표정 등 고양이의 세부적인 특징이 잘 묘사되어 있지요. 이와 같은 고양이의 동작과 표정이 긴장감 충만한 구도는 마치 그 자체로 영화 한 컷을 보는 듯합니다.

[사진 59] 변상벽, 묘작도(猫雀圖)
출처: 국립중앙박물관

그가 그린 고양이 그림을 보고 쥐까지 숨었다고 하니 그의 고양이에 대한 애정이 얼마나 대단했는지를 느낄 수 있습니다. 임금의 어진을 그려 어진화사가 되고 초상화의 대가로 '국수화(國手畫)'라는 호칭을 얻은 변상벽. 어쩌면 어디로 튈지 모르는 고양이를 그리며 숙달된 눈썰미를 얻은 그에게 있어서 인간의 초상화 따위는 식은 죽 먹기는 아니었을까요.

변상벽(卞尙璧)은 특히 고양이 그림으로 알려져서 세상에서는 그를 변고양(卞古羊)이라고 한다. - 방언(方言)에 고양이를 '古羊'이라고 한다. …(중략)…영종(英宗:영조)의 어진은 윤낙서(尹駱西)와 변상벽(卞尙璧)이 그린 것이다.
　　-정약용, 『다산시문집』 제14권「집에 소장된 화첩(畫帖)에 제(題)함」-

변상벽이 변고양이로 일컬어짐은
고양이 잘 그려 사방에 이름났는데
이젠 또 새끼 거느린 닭을 그리어
하나하나가 털이 살아 있는 듯 하네.
어미 닭은 까닭도 없이 성을 내어
낯빛이 몹시 사납게 달아오르고
목털이 고슴도치마냥 꼿꼿이 서서
만나는 놈마다 꾸짖음을 당하도다.
　…(중략)…
또한 그가 그린 고양이 그림도
뭇 쥐들을 겁먹게 할 만하여라
뛰어난 기예가 여기에 이르니

만져 볼수록 흥미가 줄지를 않네.
큰 솜씨라 산수화를 그리는 데도
여기저기 붓놀림이 광활하구려.

― 정약용, 『다산시문집』
「변상벽의 모계령자도에 제하다 (題卞尙璧母鷄領子圖)」 ―

우리나라 역사 속 고양이 이야기

시와
소설 속
고양이

1) 고양이, 시에 스며들다.

① 권근(權近:1352년~1409년)
『양촌선생문집(陽村先生文集)』

「쌍매당(雙梅堂)의 묘유시(猫乳詩)의 운을 차한다.」
가난을 싫어하는 쥐 염려가 된다.
주리다가 책장 쏠까 시름하노라.
그대 덕화에 고양이 서로 젖 먹인다지.
주먹만 한 작은 새끼 한 마리 보내소.
집도 나라같이 하면 염려없으리.
쥐가 부엌에 듦을 용납할 건가
고양이를 기름도 장수 기름과 같아
그 조아(爪牙)로 오랑캐 없앨 줄 안다

② 구봉령(具鳳齡:1526년~1586년)『백담집(栢潭集)』

「배여우가 객지에 살며 쥐 소리가 괴로워 고양이를 찾기에(裵汝友客居苦鼠聒求貍奴子)」
우리 안에 보낸 고양이 눈에 불꽃이 빛나니
생쥐들 응당 맑은 침상에서 떠들지 못하리.
지금부터 유선침 베고 편히 잠드려니
꿈속에 고향 동산 산수 고장이 맴돌겠네.

③ 박세당(朴世堂:1629년~1703년)『서계집(西溪集)』

「소리가(小貍歌)」
고양이야 고양이야 두 마리 고양이야
장로(長老:화자)는 아비고 고양이는 자식이지
전생 후생 인연이 하마 정해졌으니
삼생의 빚일랑 누가 알까 보냐
끼니는 셋이 나누어 먹고 잠은 함께 자며
아침저녁 장로 곁에서 아양을 떠는구나.
창문에서 훌쩍 뛰어가 쥐를 잡고
밥상에 냉큼 뛰어와 고기를 훔치네.
장로는 괜찮아도 사람들은 화를 내니
고양이를 욕하다가 장로까지 욕을 하네
한편은 기뻐하고 한편은 짜증내니
쥐 잡고 고기 훔침에 기뻐하고 괴로워하네.
아! 장로의 인연에 두 마리 고양이 있으니

온 몸에 얽매여 버리지를 못하네.
비록 염라대왕을 만나는 건 면하더라도
위로 해탈을 이룬 제불에 낄 수야 없겠지.

④ 윤기(尹愭:1741년~1826년) 『무명자집(無名子集)』

「고양이를 잃고(失猫)」
숙직 마치고 돌아와 보니 고양이가 어디론가 가고 없네.
개에게 잡혀간 게 아니라면 사람에게 도둑맞은 건 아닐까
재주 민첩하여 잘 뛰고 놀던 게 생각나고
성품 유약하여 사람 잘 따르던 것 아까워라.
장독 사이에서 날 뛰는 쥐들을
앉아서 바라볼 뿐 누가 잡을 수 있을까.

⑤ 정약용 『다산시문집』 제5권 시(詩)

내가 혜장(惠藏)[100]에게 산거 잡흥(山居雜興)을 시로 읊어보라고 했는데,
얼마 후 나도 모르게 생각이 자꾸 그쪽으로 쏠리면서 내가 만약 그 처지
라면 어떻겠는가 하는 생각도 들었다.
...(하략)....
새벽 참선 끝나자마자 밥 때 알리는 종이 울리고
물에 숲에 뿌옇게 낀 안개비가 점점 걷히네.
불경 주를 내려다가 붓을 다시 놓은 것은

---

[100] 혜장선사(惠藏禪師:1772년~1811년)는 강진 백련사의 주지로 1805년 이곳으로 유배 온 다산 정약용과 만나 밤새 학문을 토론하고 교우한 것으로 유명하다. 정약용의 글에는 혜장선사가 백련사의 고양이를 손자처럼 대하였다는 기록이 나온다.

울을 둘러 꾀꼬리 너무 울기 때문이라네.
...(중략)...
바라지가 불그스레 아침 해가 비쳐오면
길들여진 노루 다람쥐 문으로 모두 밀려온다네.
고양이도 오게 하여 이마를 쓰다듬으며
자애로운 불심으로 손자처럼 대한다네.
...(하략)...

⑥ 정약용 『다산시문집』 제5권 시(詩) 고양이 노래(狸奴行)

남산골 늙은이 고양이를 기르는데
해가 묵자 요사하기 늙은 여우 다 되어서
초당에 둬둔 고기 밤마다 훔쳐 먹고
항아리 단지하며 술병까지 뒤진다네.
어둠 타고 살금살금 못된 짓 다하다가
문 박차고 소리치면 흔적도 없지마는
등불을 밝혀보면 더러운 자국 널려 있고
이빨자국 남겨놓은 찌꺼기만 낭자하네
잠 못 이룬 늙은이 맥이 다 빠져서
백방으로 생각해도 나오느니 한숨이라
그놈의 고양이가 저지른 죄 생각하면
당장에 칼을 뽑아 목을 치고 싶지마는
하늘이 너를 낼 때 목적이 뭐라더냐
쥐를 잡아 백성 피해 없애라고 한 것인데
들쥐는 구멍 파서 벼싹 물어다 쌓아두고

우리나라 역사 속 고양이 이야기

집쥐는 이것저것 닥치는 대로 다 가져가
백성들이 쥐 등쌀에 갈수록 더 시달리고
기름과 피가 밭고 피골이 상접이라
그래서 너를 보내 쥐잡이 대장 삼고
마음대로 찢어 죽일 권력도 주었으며
황금같이 반짝이는 두 눈도 네게 주어
칠야삼경 올빼미처럼 벼룩도 잡을 만큼 했고
보라매같이 예리한 발톱도 네게 주고
호랑이처럼 톱날 같은 이빨도 네게 주고
네겐 또 펄펄 날고 내리치는 날쌘 용기까지 주어
쥐가 너를 한번 보면 옴짝달싹 못하고 몸을 바치게 않았더냐
날마다 백 마리씩 쥐 잡은들 누가 말리랴
보는 이들 네 생김 유별나다고 연거푸 칭찬만 할 텐데
그래서 농사 끝난 제사 때도 네 공로 보답하려고
의관 차리고 큰 술잔에 술을 부어 제사 않더냐
그런데 너는 지금 쥐 한 마리 잡지 않고
도리어 네 스스로 도둑질을 하다니
쥐는 원래 좀도둑이라 피해도 적지마는
너는 지금 힘도 세고 세도 높고 마음까지 거칠어
쥐들이 못하는 짓 맘대로 네 하리라
처마 타고 뚜껑 열고 맥질한 곳 흠집내고
그러니 쥐떼들이 이제 뭐가 무섭겠니
구멍 밖에서 껄껄대고 수염을 흔들면서
훔친 물건 모아다가 너에게 뇌물질하고
마음 놓고 행동을 너와 함께 할 것 아닌가

네 꼭 닮은 호사자도 더러는 있다더라
졸개들이 떼쥐처럼 감싸고 호위하고
나팔 불고 북치고 온갖 풍악 다 잡히고
대장기 높이 들고 앞잡이가 되어 갈 때
네 놈은 큰가마 타고 교태를 부리면서
쥐들 굽신대는 그거나 좋아하겠지
내 이제 동궁에 화살 메워 네놈 직접 쏴 죽이고
차라리 사냥개 시켜 횡행하는 쥐 잡으리.[101]

⑦ **이장희(李章熙:1900년~1929년)**

「봄은 고양이로다.」(『금성』 3호(1924))
꽃가루와 같이 부드러운 고양이의 털에
고운 봄의 향기(香氣)가 어리우도다.
금방울과 같이 호동그란 고양이의 눈에
미친 봄의 불길이 흐르도다.
고요히 다물은 고양이의 입술에
포근한 봄 졸음이 떠돌아라.
날카롭게 쭉 뻗은 고양이의 수염에
푸른 봄의 생기(生氣)가 뛰놀아라.

---

[101] 조선 후기 도둑과 아전들은 쥐로, 그를 감시할 존재인 토포군관, 관리들은 고양이로 비유되곤 하였다. 그러나 백성들이 큰 활에 화살을 재어 쏘아죽이고 싶을 정도로 증오의 대상이 되어 버린 것은 쥐가 아닌 고양이였다. 즉 착취하는 도둑과 아전들로부터 자신들을 보호해주어야 할 관리들이 오히려 그들과 결탁해 그 위에 군림하고 더 해악을 끼치니 백성들에게 그들은 더 원망의 존재가 되었던 것이다. 참고로 정약용은 이 시에서 고양이에게 증오를 드러내고 있지만 이는 비유적인 것일 뿐 그는 지역 수령들이 창고를 관리하는 방법으로 고양이 키우기를 권하기도 하였다.

2) 고양이, 소설과 산문 속 주인공이 되다.

① 서거정(徐居正, 1420년~1488년) 『필원잡기(筆苑雜記)』

「묘사총(猫蛇塚)」
근래에 한 중이 여염집에 다니며 구걸하였는데, 충주(忠州)의 어느 시골집에 이르러 구걸하는 소리를 하였으나 고요하여 사람의 모습이 없었다. 오랜 뒤에 부인의 울부짖는 소리를 듣고 머뭇거리고 서 있었더니, 한 노파가 나와 중에게 말하기를, "우리 부부가 딸과 더불어 셋이 살고 있었는데 오늘 잠깐 사이에 남편과 딸이 같은 시각에 함께 죽어 경황이 없어 어찌할 바를 모르겠으니, 원하건대, 대사는 불쌍히 보아주시오." 하였다.

중이 들어가 보니 한 방 안에 늙은 아버지와 어린 딸, 고양이와 뱀 등 넷이 질펀하게 같이 죽어 있었다. 중이 그 연유를 물으니, 노파가 말하기를, "딸아이가 돌연 손가락이 부어오르더니, 삽시간에 정강이만큼 커지고, 허리와 배가 또한 독같이 부어오르더니 즉사하였습니다. 이는 고양이가 뱀을 잡아 그 꼬리는 먹고 대가리를 남겼는데, 뱀이 딸아이를 물어 이렇게 되었습니다. 그리하여 아버지가 고양이를 미워하여 죽이려 하자, 두려워하여 시렁 위에 숨어 있다가 아버지의 노기가 풀리지 않아 잡으려는 시늉을 하니 고양이는 갑자기 날아 내려와 아버지의 목덜미를 물고 늘어져서 물리칠 수 없어 칼로 쳐서 죽이고, 아버지도 역시 죽었습니다." 하며, 말을 마치기 전에 통곡하여 거의 기절함에 이르렀다. 중이 말하기를, "지금 넷의 삼생(三生)의 죄업이 이와 같으니, 만약 명복을 빌지 않으면 영원히 헤어나기 어려울 것이다."하고, 두 시체를 불살라 재를 만들고, 고양이와 뱀을 거두어 한 무덤을 만드니, 사람들이 이를 묘사총(猫蛇塚)이라 일컬었다.

② 이륙(李陸:1438년~1498년) 『청파집(靑坡集)』

「묘상지설(猫相舐說)」
늙은 노비가 고양이를 얻어 왔는데 그 모습은 검은 바탕에 가슴이 흰 작묘(鵲猫)였다. 성품이 유순하여 사람을 잘 따르고 동작이 날쌔어 쥐는 물론 나는 새도 잡곤 하였다. 기른 지 오래되니 한 해에 두 번 새끼를 낳았다. 그 가운데 어미 닮은 놈 두 마리를 함께 길렀다. 봄에 태어난 놈은 크기가 어미만 해졌고 가을에 태어난 놈은 조금 작았다. 세 마리의 고양이는 같은 그릇에서 먹었는데 어미가 먹으면 새끼들이 피하고 새끼가 먹으면 어미가 비켜주었으며 새끼들 또한 서로 그러하였다. 이미 먹은 놈은 물러나고 아직 먹지 않은 놈은 나와 마치 그 겸손하고 양보할 줄 아는 것 같았다. 밖으로 나가면 서로 따라가고 들어오면 서로 베고 누웠다. 나가고 들어옴에 반드시 서로 핥아주니 마치 모자 형제의 친함을 정말로 아는 것 같았다.
고양이는 인축(人畜)이라 사람에게 의지하고 먹음에도 항상 사람을 기다리지만 끝내 주인을 알지 못한다. 특히 개에 비하면 더욱 그렇다. 그러나 서로 사랑하는 것은 천성으로 금수에 있어서도 오히려 없어지지 않아서 새끼를 낳으면 그를 보살펴 주고 핥아주며 배고프다 생각하면 먹여준다. 사나운 짐승이 가까이 오면 몸을 떨쳐 대들고 그 목숨을 돌보지 않는다. 그러다가 새끼가 이미 자라서 또 다시 새끼를 배면 그 새끼를 낳았던 것을 알지 못하고 다른 짐승 보듯이 하여 새끼가 가까이 오면 성을 내고 반드시 멀리하여 피한다. 고양이는 모두 그렇다. 대개 사람과 짐승은 같이 천지의 성을 받아 태어나되 그 온전한 것을 얻은 것은 사람이 되고 그

치우치고 막힌 것을 얻은 것은 금수가 된다. 치우치고 막힌 것 중에서도 심하게 편색 되지 않은 것도 있고 심히 편색 한 것도 있으니 마치 인심도 이러한 이치를 갖추고 있어서 군자와 소인이 같지 아니함이 있는 것이다. 이제 고양이가 서로 사랑함은 이것이 심히 편색 되지 않은 천성을 얻은 것인가. 그렇지 않으면 오히려 사람에게 감화되어 그러한 것인가. 금수도 오히려 교화되는 바가 있는데 사람만 유독 교화되지 아니하는 것인가. 인주(人主:임금)의 미혹함을 돌리지 못하고 교활한 마음을 교화시킬 수 있겠는가. 무심함으로 감화시키지 못하고 유심(有心)함으로 교화시키기 어려운 것인가. 무심한 것은 천(天)이고 유심한 것은 인(人)이다. 지금 주인의 어짊으로 하여금 능히 짐승인 고양이를 교화시켜 그 지난날 시기하고 난폭함을 변화하여 오늘날의 자애로움으로 변화하였으니 이치상으로는 알기 어려움 점이 있다. 고양이는 인축(人畜)이로되 서로 시기하지 아니하고 자애로움이 이와 같거늘 하물며 사람이겠는가.

③ 최연(崔演:1503년~1549년) 『간재집(艮齋集)』

「묘포서설(貓捕鼠說)」
내가 남의 집에 잠시 지낼 때 그 집에 영모씨(永某氏)와 친한 쥐가 있었다. 늘 낮에 무리 지어 다니고 눈을 부릅뜨며 마음껏 돌아다녔는데, 침상 위에서 제 수염을 다듬거나 문 사이로 머리를 내밀곤 하였다. 벽을 뚫고 서까래에 구멍을 내어 방에 온전한 구석이 없었고 상자를 구멍 내고 광주리를 물어뜯어 횃대에는 성한 옷이 없었다.

심지어는 문과 장막을 밀치고 들어와 소반을 치켜들어 음식을 먹고 장독의 장을 핥아먹었으며 보리 싹을 먹고 책상을 갉아먹었으며 시렁에 올려

둔 귀한 책까지 갉아 먹어서 거의 없어질 지경이었다. 몸이 가볍고 재빠르며 교활하여 순식간이었다. 거침없이 위아래로 움직이고 산만하게 오갔는데 새벽부터 저녁까지 요란하게 부스럭거리기에 툭툭 치거나 소리 내어 꾸짖어도 거의 두려워하지 않았다.

몰래 몽둥이를 던지며 내쫓아 놀래키면 간혹 잠시 엎드려 조용하다가도 곧바로 다시 움직였다. 물을 부으면 담이 무너질까 걱정되고, 연기로 쏘이면 서까래가 탈까 두려워서 돌을 던지면 피해버렸고, 구멍을 후비면 더 깊이 숨어버렸다. 저주할 부적도 없고 겁줄 칼도 없으니 나는 내 재물을 해칠 것만이 아니라 내 몸도 물어뜯길까 걱정이었다.

나는 무척 염려되어 이웃집의 고양이를 빌려다가 으슥한 곳에 두고 쥐를 잡게 하였는데 이놈이 쥐를 보면 빤히 쳐다보면서도 못 보는 듯 하니 어찌 잡지 않을 뿐이겠는가? 덩달아 친해지는 듯 하니 쥐들이 나무 구멍에 떼로 모이며 설치는 것이 더욱 심해졌다. 내가 이에 탄식하며 다음과 같이 말하였다. "이 고양이는 사람에게 길러져도 제 직분을 태만히 하니 법관이 비리를 부지런히 척결하지 않는 것과 힘이 있는 관리가 적을 물리치는데 힘쓰지 않는 것과 무엇이 다른가?" 한참을 개탄하다가 『시경(詩經)·석서(碩鼠)』의 '장차 너를 버리고 떠나야겠다.'라는 탄식을 하였다.

며칠이 지나 어떤 사람이 와서 말하길 '우리 집에 고양이가 있는데 무척이나 사납고 굳세어 쥐를 잘 잡습니다.'라 하였다. 마침내 구해다 데리고 오니 까만 눈동자가 금 같이 반짝이고 무늬가 있는 털이 얼룩 표범 같으며 송곳니는 날카롭고 발톱은 컸다. 낮밤으로 이곳저곳을 돌아다니며 살피다가 쥐구멍이 있으면 코를 넣고서 쥐 낌새를 맡으면 웅크리고 앉아 움직이지 않았다. 앞발을 허리에 붙이고 귀를 쫑긋 세우며 쥐구멍에서 수염이 흔들거리는 것을 가만히 보고 있다가 움직이면 모두 잡아냈다. 쥐머리를 부수고 창자를 찢으며 눈을 도려내고 꼬리를 베어내자 12일이 안 되어서 쥐 무리들이 납작 엎드린 채 보잘것없는 재주가 벌써 바닥을 드러내니 출입하던 문은 말끔해지고 구멍에는 거미줄만 있었다. 예전의 찍찍거리던 것들이 조용히 자취를 감추어버렸고 집기와 옷가지가 하나도 훼손되지 않았다.

쥐는 본래 음험한 족속이라 늘 사람들을 무서워한다. 예전에 함부로 훼손하는 것이 어찌 깊은 모책과 원대한 식견, 대담하고 굳센 힘이 있어서 사람을 업신여긴 것이겠는가? 다만 사람들이 막는 방법을 알지 못했기 때문에 그놈이 교활하게 제멋대로 하여 이 지경에 이르렀을 뿐이다. 아! 사람이 쥐보다 영험하지 못한 것은 아니지만 쥐를 제어하지 못하였다. 고양이가 사람보다 영험한 것은 아니지만 쥐는 고양이를 두려워하니 하늘이 생물을 만듦에 제각기 직분을 지키게 함이 이와 같다. 지금 고관대작은 명예를 훔치고 의리를 좀먹으며 이익을 탐하고 사물을 해침이 쥐보다 심한 자들이 많다. 나라를 다스리는 자는 어찌 이를 제거하는 방법을 생각하지 않겠는가? 내가 고양이가 쥐를 잡음에 삿된 것을 제거하는 점에 유사함이 있음을 보고 느낀 것이 있기에 글을 쓴다.

④ 권호문(權好文:1532년~1587년) 『송암집(松巖集)』

「축묘설(畜猫說)」
일찍이 옛사람들은 닭은 기르지만 승냥이를 기르지 않으며 군자를 등용하여 소인을 물리친다고 하였으니 이익을 취하는 것이고 해로움을 제거하는 것이다. 이익을 취하지 않으면 해로움이 많게 되니 나라를 좀먹고 집을 망하게 하지 않은 경우가 드물다. 내 집에서 고양이 새끼 한 마리를 길렀는데 이 이치를 경험하였으니 어째서인가? 내 집은 본래 가난하여 곳간에 쌓여 있는 게 없었으니 살림살이가 망가지는 것을 걱정하지 않았다. 그런데 가을에 곡식을 모을 때면 쥐떼들이 갑자기 모여서 벽을 뚫고 문을 엿보았다. 대들보에서 시끄럽게 하기도 하고 침상에서 뛰어 다니기도 하였으며 옷을 물어뜯어 여러 군데 구멍을 내고 곡식을 훔쳐서 곳간 이곳저곳에 구멍을 내었다. 피해가 막심하여도 제거할 방법이 없자 이웃집에서 작은 고양이를 빌려와 정성스레 길렀다. 몇 개월이 지나자 고양이는 큰 쥐를 박멸할 꾀를 부렸다.

아침에는 담벼락 구멍 근처에 있고 저녁에는 장독 사이에서 엿보았다. 쥐들을 잡아먹을 때에는 반드시 살점을 모두 먹어치웠는데 그런 뒤에야 만족하였으니, 이것이 고양이의 본성이었으나 흡사 주인을 위해 해로움을 제거하는 것 같았다. 내가 애지중지하여 매번 먹다 남은 음식을 먹였다. 또한 굶주린 개가 오지 못하게 하니 눈동자는 해 그림자처럼 커졌다 작아지며 날카롭고, 발은 원숭이처럼 오르내리는 것이 날렵했다. 그러니 쥐를 잡을 때 반드시 야인의 칼과 같은 것을 사용하며 장탕(張湯)이 조사하고 신문한 것처럼 한 뒤에야 내 집을 편안하게 하겠는가?

아! 나라에 녹을 먹는 자가 만약 성채의 여우와 사직의 쥐를 제거하지 않는다면 저런 관리를 어디에 쓰겠는가? 무릇 짐승의 몸에도 사람과 같은 마음이 있으며 사람 얼굴을 하면서도 짐승과 같은 마음을 가진 자가 있으니 세상에는 쥐 같은 자가 많다. 아! 군자의 옷을 입고 군자의 음식을 먹되 그 직분을 닦지 않은 자 어찌 내 고양이에게 부끄럽지 않겠는가?

우리나라 역사 속 고양이 이야기

⑤ 이수광(李睟光:1563년~1628년)『지봉유설(芝峯類說)』

「이묘설(二貓說)」
집에 고양이가 있는데 쥐를 잘 잡아 수년간 키웠다. 이후에는 작은 고양이 한 마리가 어디서 왔는지 알 수가 없지만 집에 머물면서 떠나려 하지 않았다. 두 마리 고양이는 함께 살았는데 작은놈은 감히 큰 놈과 함께 나란히 가지 않아서 가면 뒤따라가고 멈추면 뒤에 있었다. 먹을 때는 작은놈은 주변을 두루 살피다가 큰놈이 먹기를 기다렸다가 다 먹으면 그제야 먹었다. 큰놈 또한 다 먹지 않고 먹을 것을 남겨두었다가 돌아와서 주었으니 서로가 사양하는 듯하였다. 고양이란 불인한 짐승이어서 몰래 훔치거나 물어뜯는 것을 유용하다고 여기는데, 이렇게도 행동한다.

아! 세상 사람들 중에서 간혹 예의염치를 살피지 않는 자들은 어떤 생물인가? 작은 이익을 만날 때마다 싸우다가 서로 해치는 지경에까지 이르는 경우도 있으니 저들은 진실로 외형만 사람이지 짐승의 마음을 가진 자이다. 이러한 이유로 말하자면 사람 중에 고양이 같은 자도 있고 고양이 중에 사람 같은 놈도 있으니 어찌 외형만 보겠는가?

⑥ 박인(朴絪:1583년~1640년)『무민당문집(無悶堂文集)』

「책묘설(責猫說)」
고양이의 책무는 쥐를 잡는 것이기에 사람들이 반드시 기르는 생물이다. 내 집에도 고양이 한 마리가 있는데 처음에 주견(紬繭) 하나를 이웃집과 바꾸어 데리고 왔다. 죽이나 밥을 먹이거나 두꺼비를 잡아서 먹였다. 기르기가 자못 힘이 들었으나 귀찮게 여기지 않았던 것은 고양이에게 쥐구멍을 담당하게 하여 쥐들이 벽을 뚫어 곡식을 훔쳐가는 근심을 막게 하고자 했을 뿐이다. 고양이가 조금 자라자 꼬리를 흔들며 용맹함을 뽐내었고 발톱을 갈아 힘을 드날렸다. 그런데 어미 닭과 병아리를 볼 때마다 발을 동동거리며 호시탐탐 보면서 잡아채 물어뜯었다. 못하게 하면 놓아주면서 달아나거나, 깊숙한 곳으로 끌고 들어가 버렸는데 이와 같은 일을 곧바로 고치지 못할 뿐이었다. 저 움집 아래에서 새끼를 번식하고 뜰에서 먹이를 쪼아 먹는 닭이 나날이 줄어드니 산동(山東)의 땅이 모두 진(秦)나라 사람들에게 잠식당하는 것과 다름이 없었다. 집안사람들이 괴로워하여 회초리로 등을 채찍질하고 줄을 목에 매달아 문설주 사이에 묶어두었다. 묶여 있거나 벌을 받은 것이 거의 수개월이나 되었다. 줄에 묶여 있는 곳은 모두 벗겨지고 해져서 상처가 나 있었고 털은 죽고 뼈만 앙상하였으며 귀를 축 내리고 눈을 감고 있었다. 나는 처음 기를 때 수고로움과 죽어가는 것이 애달파 직접 풀어 놓아 주었다. 잠시 뒤에 병아리 한 마리가 가까이 오자 갑자기 눈을 부릅뜨고 뛰쳐나가 병아리를 낚아채 달아나 버렸다

나는 곧바로 아이에게 쫓아 잡아 오라고 하여 예전에 묶여 있던 곳에 다시 묶어두고 다음과 같이 꾸짖었다.

"너는 비록 미물이더라도 양육하는 정기를 품부 받았으니 지각과 운동의 일단이 혹여라도 있을 것이다. 처음에는 욕심 때문에 미혹했더라도 곤욕을 치르게 되면 또한 뉘우칠 줄 알았다. 그런데 지금 매질을 하더라도 뉘우치지 않고 매달더라도 뉘우치지 않았기에 놓아주었다가 다시 묶은 것이다.

이는 반드시 본성을 잃어버리고 몸을 다하도록 끝내 마음을 고치지 못하고 악함을 깨닫지 못한 것이니 애달플 뿐이다! 공자께서 '몹시도 어리석은 자는 기질이 변하지 않는다.'고 하셨으니 이 고양이 또한 생물 중에서 변하지 않는 것이리라!

아, 오행의 빼어남을 얻어 만물의 신령함이 되었으나 도리어 생물의 편벽됨으로 돌아간 것은 무슨 지경인가? 좀도둑질을 하고 간사한 짓을 하며 재물 때문에 사람을 죽여서 형틀에 묶이니 이 같은 서인(庶人)은 고양이와 같은 자이다. 관직에 있으면서 탐욕스럽고 하는 짓이 더러우며 백성의 재물을 빼앗고 형틀에 묶으니 이 대부(大夫)는 고양이와 같은 자이다. 온 세상에 드러나는 것이 이 고양이와 같다면 유독 이 고양이만 깊이 문책할 수 있겠는가?"

⑦ 유본학(柳本學:1770년~?) 『오원전(烏圓傳)』

오원((烏圓)의 자는 오직(午直)으로 노나라 사람이다. 그의 선조에 오공(烏公)이라는 사람이 있었는데, 오공은 위나라 사람인 서려의 집에 출입했다. 가록(家鹿)을 잘 잡는 탓으로 서려의 사랑을 받았다. 서려는 날마다 봉급 100냥을 주고 오공을 백군에 봉했다.

오원의 어머니는 꿈에 큰 말이 자기의 몸에 덮인 것을 꾼 지 석달 만에 오원을 낳았다. 그는 어려서는 몸이 몹시 잔약해서 스스로 견뎌내지 못할 것 같았다. 그러나 커감에 따라 모습이 정한(精悍)해지고, 날랜 것이 절륜(絕倫)해 보였다. 눈은 광채가 있었고 눈동자가 대낮이 되면 실오라기처럼 가늘어졌다. 어떤 사람이 오원이 도둑을 잘 살핀다고 해서 그를 임금에게 추천해주었다.

임금이 오원을 지극히 사랑하여 늘 그를 좌우에 두고 털방석에 앉히고는 어육(漁肉)을 하사하면 오원이 반드시 엎드려서 먹었으며, 배가 부르면 곧 몸을 굽혀 졸곤 했는데, 어떤 때에는 종일토록 일어나지 않았으나 임금은 이를 추궁하지 않았다. 그토록 오원을 사랑했던 것이다. 오원의 사람됨이 굳세고, 모질고, 날랬으며 힘으로 군소배들을 꺾어버리곤 했다. 아침마다 그가 까만 옷과 흰 치마를 입고 대쪽 같은 소리를 내며 들어오면 군소배들은 모두 놀라서 피하곤 했다. 임금이 일찍이 오원과 더불어 어전에서 희롱하다가 우연히 그 코가 손에 닿으니 코가 몹시 차가웠다. 임금이 깜짝 놀라 물었다.

"네 코는 어찌 그리 차가운고?"
오원이 그만 겁을 먹고 떨며 아뢰었다.

"신이 콧병이 있어 언제나 코가 차갑사옵니다. 다만 하지(夏至)에 이르면 조금 따스해지옵니다."

임금이 웃으며 의원을 시켜 오약수(烏藥水)를 주어서 콧구멍을 씻었으나 그 콧병이 끝내 낫지 않았다. 오원이 어느 날 금중(禁中)에서 숙직을 할 때였다. 캄캄한 밤중에 검은 옷을 입은 조그마한 도적 하나가 내고(內庫)로부터 궁중에 남몰래 들어와서, 복도에서 무엇을 붙잡고 오르려다가 오원을 보고는 벽 구멍 속으로 들어갔다. 오원이 그것을 알고 숨을 죽인 채 가만히 문밖에 엎드려 있었다.

그러자 도적이 다시 방안으로 들어와서는 기물을 물어뜯는 것이었다. 뿐만 아니었다. 쌓인 반찬을 도둑질해 먹기도 했다. 그때 오원이 힘을 한번

써서 몸을 솟구쳐 그놈의 목을 졸라 죽이고 말았다. 임금이 그의 공을 가상하게 여겨 오원을 오정후(烏程候)에 봉하고 조서산(鳥鼠山)을 식읍(食邑)으로 정해주었다.

오원이 임금에게 "'이것들은 쥐나 개 따위의 도적'에 지나지 않는데 어찌 제가 감히 봉후를 받겠나이까."하고 사양했으나 임금은 한사코 듣지 않았다. 오원은 이로 말미암아 교만해지고 동류를 해쳤다. 그리고 사냥꾼 노령과 서로 사이가 좋지 않아 싸울 때 노령이 주먹으로 그를 갈기면 오원은 노령의 힘을 당해내지 못했다. 노령이 그의 뺨을 때렸다. 크게 노한 오원이 임금에게 하소연했다. 그러나 임금이 못마땅한 얼굴로 말렸다.

"오정후가 저 사냥꾼에게 얻어맞았으니 무엇에 쓰겠는가."
이로부터 오원에 대한 임금의 사랑이 점점 쇠해져 갔다. 게다가 나이가 늙고 얼굴이 옹졸해진데다가 또한 졸기를 좋아하여 군소배를 제어하지 못하게 되니 임금이 그를 미워하기에 이르렀다. 하루는 좌우에 모시고 있더니 임금이 마침 일어나 뒷간에 갔다. 오원이 가만히 수라상 위에 있는 고기 적을 씹다가 임금이 들어오는 것을 보고는 평상 밑에 들어가 숨었다. 이를 본 임금이 크게 노하여 소리쳤다.
"저 쥐 같은 하찮은 도적을 잡지 못하면서 도리어 쥐 도둑을 흉내낸단 말이냐." 임금이 곧 불경죄로 다스리어 오정후의 인(印)을 빼앗은 다음 그를 가죽 자루에 넣어서 길가에다 버리게 하였다.

오원이 겨우 몸을 빠져 나와서 남의 집에 기식하였다. 그러나 도둑질을 잘했으므로 사람들이 모두 그를 미워하게 되었다. 얼마 후 오원이 병들어 죽었으나 그의 자손이 번성하여 온 나라 안에 두루 살고 있었다.

⑧ 이옥(李鈺:1760년~1815년) 「고양이를 탄핵한다(劾猫)」

개에게 물었다.
"너와 고양이와의 관계는 서로 같지 않으면서도 같다. 비록 같은 족속은 아니더라고 하여도, 대개흡사 동료 사이와 같다. 꼭 같이 나에 의해 길러지고 있고, 같은 솥밥의 밥을 먹으며, 또 서로 깊이 상관이 있는 것도 아니다. 그런데도 너는 고양이를 볼 때마다 반드시 으르렁 성을 내고 떼를 지어 쫓아내고 어쩌다 걸리면 깨물고 씹고 해서 죽이려고까지 직성이 풀린다.

네 생각에는 '저 놈이 여우나 토끼도 아니고 들고양이도 아니어서, 사냥을 해서 스스로 먹고 살수도 없거늘, 어찌 주인이 저 놈을 대우하는 것과 나를 대우하는 것에 친밀하고 박대하는 불공평함이 있단 말인가.'라고 하여 질투하여서 그런 것이 아니겠느냐? 그렇지 않으면 주인이 너를 감회시킨 것이, 고양이가 다른 자식을 젖먹이고 닭이 개를 걷어 먹이는 것에 미치지 못하여, 평소의 우악스럽고 악독함에 익어서 그런 것이냐? 네 생각을 숨기지 말고 사실대로 대답하라!"

개가 대답하였다.
"무릇 사람의 음식을 먹는 것들은 사람과 구별되어 사람의 기색을 살피지 않습니까? 사람은 반드시 공적이 있은 뒤에 먹을 것을 먹여주기에, 사람에게서 먹을 것을 얻어먹는 것들은 반드시 직분이 있기 마련입니다. 지금 주인님의 집을 예로 말하면, 노비는 김매어 곡식을 자라게 하고, 여종은 절구 찧고 물을 긷죠. 그 아래로, 말은 사람을 태우는 일을 떠맡고, 소는 밭 가는 일을 하며, 닭은 시간을 관장합니다. 저의 무리는 살아서는 집을 경계하고, 죽어서는 국이 되어 상에 올라갑니다. 그 수고함이 큰지 적은지에 따라 밥을 먹고 그로써 높고 낮음이 결정되는 것은 이치상 당연합니다.

그런데 저 고양이의 경우를 본다면, 어리석은 저로서는, 주인께서 저 자를 먹이시는 이유가 무엇이고, 저 자가 주인님께 밥을 얻어먹는 것이 무슨 공적 때문인지를 도무지 모르겠습니다. 저 자는 놀때는 방위에 덥석 올라가 있고, 털 갖옷이라 보온이 잘 터인데도 추위를 탄다고 사칭하여서는 반드시 따스한 온돌에서 잠을 잡니다. 먹을 것이 올라올 때마다 냅다 달려가 탁자 밑에 엎디어선 고개를 쳐들고 야옹야옹 호소하며 마치 굶주린 아이가 밥을 찾듯이 하므로, 아직 상을 물리고 대궁을 주는 것도 아닌데 먼저 나누어 받아먹어 혹 배가 터지도록 먹지 않을까 싶습니다만, 때때로 생선과 고기까지 호사스럽게 얻어먹습니다. 이것은 근실하게 개간하는 소와, 힘써 사람을 태우는 말도, 주인에게서 받지 못하는 대우입니다.

그렇거늘 저 자의 직분을 찬찬히 따져보면 고작 움집이나 장독대 사이에서 쥐를 엿보다가, 요행히 쥐 한 마리를 얻으면 펄쩍 달려들어 춤추고 내던지고 놀면서, 자기의 재능을 자랑하고 과장하여 마치 기특한 훈공이라도 세워서 적장의 목을 바치기라도 하는 듯이 합니다. 하지만 저 자의 재주는 노루를 쫓거나 날랜 토끼를 붙잡는 것도 아니요, 그나마 근실하게 자기 맡은 일을 제대로 하여서 하루에 한 마리 쥐라도 잡습니까? 만일 한 마리 쥐라도 잡는다면 그나마 주인집의 해악을 제거할 수 있으므로 밥을 얻어먹는 은혜에 보답하는 것일 따름입니다. 그런데도 꼬리를 길게 늘어뜨리고 한껏 늘어지게 잠을 잡니다.

저 자는 본래부터 교활한 성격이 늙어갈수록 더욱 게으르고 광패하여 지는데 담이나 벽이나 옹기독이나 대고리에 쥐가 구멍을 뚫어서 먼지를 쌓아두고 몇 밤을 자서, 쥐의 발자취가 종횡으로 나있고 쥐의 발자국 소리와 찍찍대는 소리가 이만저만 낭자하지가 않거늘, 쥐를 잡아 족칠 뜻이 없어, 한 번도 뒤를 밟거나 엿보거나 하지를 않으므로, 곳간 속의 곡식이 일곱 낱알에 세 개는 껍질만 남고 횃대 위의 옷이 좀이 쏠지도 않았는데 먼저 구멍이 나도록 내버려 둡니다. 그 자가 자기 직분을 제대로 맡아 하지 못하는 것을 따진다 해도 이미 변명할 길이 없습니다. 그런데 이것도 아직 적은 잘못입니다.

가축이 곡식을 먹더라도 하루에 두 번 먹고 새끼를 치더라도 한 해에 한 번 새끼를 치는 것이 이치상 상도입니다. 그런데 저 고양이의 경우에는 배불리 먹고도 금방 먹을 것을 달라 하고, 먹자마자 다시 찾아, 아침과 낮 사이에 네, 다섯 번을 먹으며, 배가 무거우면 잠을 많이 자고, 먹는데 물리면 고기를 생각합니다. 그래서 부엌 요리사가 두부를 동이에 담가두고 쟁반에 채워두면 잠깐 새에 뚜껑을 열고 그 절반을 훔쳐 먹고, 생선을 기둥에 걸어두어 높이가 어깨보다 더 높은데도 단지를 밟고 껑충뛰어 그 한 마리를 끊어 버리죠. 어찌 그리 쥐 잡는 것에는 싫증을 내고 생선에 대하여서는 용감하다는 말입니까? 조개든 소라든 생선회든 젓갈이든 어떤 맛이든 좋아하지 않는 것이 없고, 미처 씹을 겨를도 없이 비늘에서 뼈까지 삼켜 버리는데다가 침상이나 이부자리 곁에서 웩웩거리며 오물을 토하여 심지어 사람으로 하여금 혐오스러워 밥 먹는 것을 그만두게 만들기까지 하는 것이 대체 몇 번입니까?

살이 찐 것도 모자라 또 게으르기까지 하며, 대낮이건 한밤이건 흐느끼고 곡을 하여 수컷을 불러들여서, 꽃무늬 있는 놈이나 얼룩덜룩한 놈, 긴 꼬리 늘어뜨리고 낯짝이 커다란 놈들이 무리 지어 와서는 추행을 저지르죠. 그 소리가 사방에 시끄러워, 야단쳐 쫓아버려도 어쩔 수가 없어요. 그 놈이 고작 삼 개월만 되면 몰래 새끼를 낳아서는, 봄이면 벌써 훌레 붙고 가을도 되기 전에 또 그런 짓을합니다. 그 새끼들이 점점 커서 제 아비 하는 짓을 따라 배워, 사람을 보면 숨지만 닭을 보면 맹렬해요.

가르쳐주어 비슷하게 만들어서, 족제비처럼 사납거나 경(獍)[102] 마냥 제 아비를 잡아먹을 기세죠. 그래서는 쥐를 엿보는 것도 싫증 내고 닭이 성내는 걸 두려워하여서 한밤이면 지붕 위에 올라가 수키와, 암키와를 걷어내고 까치 새끼를 찾겠다고 둥지를 분탕질해서 결국 알을 깨뜨리지요. 이때에 잠자던 손님을 도둑이 들었나 의심하고 부녀자는 도깨비인가 두려워하게 됩니다. 처마 가까이에서는 더욱 위험하여, 수키와, 암키와가 당장 산산조각 나 버려, 잠깐 사이에 비 기운이 모이면 지붕이 새어 줄줄 물이 흐르게 됩니다. 고양이는 그저 쥐만 안 잡는 것이 아 니라 이 고양이가 바로 한 마리 쥐와 같습니다. 사람의 집을 도적질하고 해 끼치는 것이 쥐라 해도 어찌 이보다 더 크겠습니까? 삼묘(三苗)[103]의 포악함으로도 그 놈의 자취를 비교할 수 없으며 이임보(李林甫)[104]의 간교함으로도 그 놈의 마음을 비길 수 없습니다.

---

[102] 맹수의 이름, 범을 닮았으나 몸이 작으며, 아비를 잡아먹는다고 한다.
[103] 중국 전설에 등장하는 장강 동정호(洞庭湖) 지역에 거주했던 종족으로 고대 중국민족에게 두려운 존재였다. 『상서』 중 「여형(呂刑)」에는 우리도 잘 아는 치우가 이 삼묘의 수령이라고 기록되어 있다.
[104] 이임보(李林甫) 중국 당 현종 때의 재상으로 아첨을 일삼고 유능한 관리들을 배척하여 '구밀복검'이라는 말을 낳았으며 『고금담개(古今譚槪)』에서는 사람들은 그를 '이묘(李猫)'라 불렀다고 한다.

『서경(書經)』에 이르기를 "잠시라도 간악하고 사악한 짓을 하게 된다면 나는 그를 베어 모두 다 멸망시켜 그 자손을 남기지 않도록 하리라."라고 하였고, 전(傳)(『맹자』)에는 "기왓장을 망가뜨리고 흙 손질한 담에 그림을 그려서 장차 먹을 것을 구하려 한다."라고 하였으니, 저 놈을 두고 말한 것이 아니겠습니까?

신은 비록 미천하고 용렬하오나 그 지키는 바는 다름 아닌 도둑입니다. 또 밥에 물 말고 국을 섞어주거나 밥그릇도 태반이 콩이지만, 그나마 하루 두 번 배고픔을 면하는 것은 오로지 주인의 은혜입니다. 밤이면 감히 눈을 붙이지 못하고 구멍마다 돌면서 오로지 도둑을 잡으려는 것입니다. 저 울타리 밖의 도둑도 몰아 쫓아내고자 하는데 하물며 집안의 도둑이겠습니까? 이것이 신이 고양이를 보면 반드시 쫓아 버리고 마주치면 물어뜯는 이유입니다. 그렇기에 신은 도적이나 외적을 보면 반드시 쫓으며, 만나면 물어뜯어서, 오로지 힘이 부족할까 염려할 따름이고, 반드시 문과 뜰에서 한바탕 힘을 다 쏟은 뒤에 그만두는 것입니다. 어찌 주인께서는 그 사이에 사사로운 욕심이 있으리라 의심한다는 말입니까?

아아, 간교한 사람은 은총을 사는데 교묘하고 충신은 스스로 용맹을 부리다가 상처를 입는 법이니, 자고로 악을 미워하다가 도리어 연좌된 자가 도도하게 아주 많습니다. 고양이는 배불리 먹다 죽을 것입니다만, 저는 솥이나 가마에 삶기어 죽겠습니다."

이 말을 듣고서 주인이 고양이를 소나무 우거진 산(松山)으로 유배 보내었다.[105]

---

(105) 이옥 저 심경호 역 『선생, 세상의 그물을 조심 하시오.』태학사.2009.p204~210

우리나라 선사시대에도 고양이가?

속담 속 고양이

1. 괴 값에 쇠 값을 치른다.
고양이 값인데 쇠 값을 주었다는 뜻이니,
이편에서 큰 손해를 보았다는 뜻.

2. 개 고양이 손도 빌리고 싶다.
일은 많고 일손은 모자라 그 어떤 도움이라도 받고 싶다는 뜻으로
이르는 말.

3. 늙은 고양이가 아랫목을 찾는다.
나이가 들게 되면 따뜻하고 편안한 것만
좋아하게 마련이라는 뜻으로 빗대는말.

4. 쥐구멍에 쇠딱지도 안 떨어졌다.
아직 어리다는 뜻으로 빗대는 말.

5. 쥐가 드니 고양이까지 따라온다.
어떤 원인이 생겨나니 결과가 따른다는 뜻으로 빗대는 말.

6. 고양이 목에 방울을 달아볼까
실제로 행하기 어려운 일이라는 뜻으로 비꼬아 이르는 말.

7. 고양이가 원님 반찬을 안다더냐?
무지한 사람이나 짐승이 예절을 알 까닭이 없다는 뜻으로 빗대는 말.

8. 고양이까지 속이랴
남녀 간에 나눈 정사를 언제까지나 속이고
감춰 둘 수는 없다는 뜻으로 빗대는 말.

9. 도둑고양이가 살찌랴
정처가 없이 떠돌아다니면서 훔쳐 먹는데어찌
살이 찌겠느냐는 뜻으로 빗대는 말.

10. 광에 든 고양이
광에는 쥐가 많기 때문에 배부르게 먹을 수 있게 되었다는 뜻으로,
좋은 기회나 횡재를 만났을 때 쓰는 말.

11. 고양이 뿔
도저히 있을 수 없는 일이라는 뜻으로 빗대어 이르는 말.

12. 감주 먹은 고양이 상
감주(甘酒)는 식혜. 제가 저지른 일이 걱정이 되어
잔뜩 불안해하는 모습을 두고 빗대는 말.

13. 쥐 잡는 고양이 걸음
숨을 죽이고 무척 조심스럽게 걷는 모습을 두고 비유하는 말.

우리나라 선사시대에도 고양이가?

14. 배부른 고양이 새끼 냄새 맡아보듯
행동이 매우 느긋하고 여유있다는 뜻으로 비유하는 말.

15. 눈 먼 고양이가 조기대가리 아끼듯
뭔가를 무척 아낀다는 뜻으로 빗대어 이르는 말.

16. 고양이와 고양이를 바꾸면, 그 중에 도둑고양이가 있다
물건을 서로 바꾸자면, 먼저 바꾸자고 한 사람의 것에
흠집이 있음을 빗대는 말.

17. 일 못하는 늙은이, 쥐 못 잡는 고양이도 있으면 낫다.
아무리 무능한 사람이나 짐승일지라도 없는 것보다는
낫다는 뜻으로 이르는 말.

18. 주린 고양이 고기 보고 달려들 듯
매우 탐욕스럽게 달려드는 것을 두고 비유하는 말.

19. 고양이가 닭의 알 어르듯, 이무기가 여의주 어르듯
무슨 일을 하는데 능숙한 솜씨를 발휘한다는 뜻으로
비유해 이르는 말.

20. 괴 그리고, 개 그리듯
고양이 그리고 개 그리듯 한다는 말로
이것저것 아무렇게나 일을 해낸다는 뜻으로 빗대는 말.

21. 밤이 되면 고양이도 제 집으로 돌아간다.
밤이면 온갖 것들이 모두 제 처소로 돌아가는 것이 당연하다는 뜻.

22. 쉰 밥 고양이 주기 아깝다.
제가 가지지 못 할 물건도 남주기는 아까워하는 것이
사람의 욕심이라는 뜻으로 빗대는 말.

23. 세상인심이란 고양이 눈깔 변하듯 한다.
세상인심이라는 것은 세태에 따라
아주 쉽게 변한다는 뜻으로 빗대는 말.

24. 재수 없는 놈은 고양이 꼬리를 밟아도 호랑이로 둔갑한다
재수가 없으려면 도저히 상상할 수도 없는 일까지
일어나 화를 입게 된다는 뜻으로 빗대는 말.

25. 미운 고양이가 잡으라는 쥐는 안 잡고, 씨암탉만 잡는다.
미운 주제에 더 미운 짓만 한다는 뜻으로 비유해 이르는 말

26. 쥐 죽은 데 고양이 눈물이 눈 가장자리 적시랴
평소에 원수로 여기던 사람이 죽었는데
큰 동정심이 생기겠느냐는 뜻으로 빗대는 말.

27. 쥐 잡는 데는 천리마도 고양이만 못하다.
모든 것들이 다 제게 맞는 역할이 따로 있다는 뜻으로 빗대는 말.

우리나라 선사시대에도 고양이가?

28. 늙은 고양이 새앙쥐 어르듯 한다.
어떤 것을 능수능란하게 다룬다는 뜻으로 빗대어 이르는 말.

30. 구석에 몰린 쥐가 고양이를 문다.
궁지에 몰리면 아무리 하찮은 것이라도 저항한다는 뜻으로 빗대는 말.

31. 끓는 물에 덴 고양이는, 불만 봐도 놀란다.
어떤 것에 한번 놀라면 그 비슷한 것만
봐도 두려워한다는 뜻으로 빗대는 말.

32. 도둑고양이한테 생선전 맡기는 격
믿을 수 없는 사람에게 물건을 맡겨 손해를 볼 수밖에 없다는
뜻으로 빗대는 말.

33. 주린 고양이 고기 보고 달려들 듯
매우 탐욕스럽게 달려드는 것을 두고 비유하는 말.

쥐 잡기 운동과 IMF 그리고 **버려졌던 고양이들**

광복과 6.25전쟁 이후 고양이의 수가 급감하자 이를 틈타 쥐가 창궐하기 시작했습니다.

당시 이승만 대통령은 담화를 통해 "고양이를 수입해서라도 쥐를 없애자."라고 밝히기도 했습니다. 그러나 한 번 줄어든 고양이의 수는 좀처럼 늘지 않았던 모양입니다. 농촌의 각 마을에서 고양이 10여 마리만 기른다면 쥐는 전멸할 것이나 고양이를 구하려 해도 값이 비쌀 뿐 아니라 구하기가 힘이 든다는 토로가 신문기사에 실릴 정도였습니다.[106]

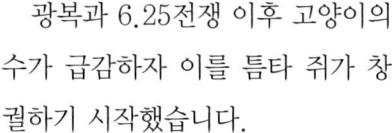

---

[106] 이종찬, 『행위자-연결망 이론을 통해 본 길고양이 중성화 사업(TNR)과 공존의 정치』 2016. 서울대학교 환경대학원. p28

우리나라 역사 속 고양이 이야기

정부 당국은 26일 오후 6시부터 쥐에 대한 토벌령을 전국적으로 내렸다. 리(里), 동(洞)의 말단기구까지 총동원하여 쥐약을 무상으로 분배하고 있는가 하면 아직도 분배를 받지 않은 가구들은 이를 타다라고 재촉이 심하다. 이번의 쥐잡기운동은 과거의 어느 때보다도 매스콤을 총동원해서 열을 올리고 있으며 그 규모 역시 꽤 조직적이며 거창한 모양이다. 국민들은 너나 할 것 없이 이번 운동에 적극 가담함으로써 많은 성과가 있기를 바라는 마음이 간절하다. ....(중략)... 우선 쥐가 사람이 먹는 식량에 끼치는 피해액만 하여도 연간 24백만섬을 헤아리고 있으며 이는 우리나라 총생산량의 약 8%에 해당한 셈이다. 이를 금액으로 환산하면 240억원에 달하고 있다는 무시 못 할 숫자가 나온다. 더욱이 이 나라에 있는 쥐들은 약 9천만마리를 계상하고 있으며 비율로 보면 1인당 세 마리꼴이라고 한다. 이러한 논법을 확대해간다면 이번 쥐 잡기 운동이 성공한 날에는 우리나라가 연간 막대한 양의 외곡(外穀)을 도입할 필요도 없을 뿐만 아니라 이로써 절약된 외화는 당면한 경제개발에 그만큼 큰 도움이 되겠다는 것이다.

- 『동아일보』 1970년 1월 26일 -

갈수록 증가하는 쥐는 가뜩이나 부족한 양곡을 훔쳐 먹는 박멸해야 할 대상으로 여겨졌습니다. 정부는 이전에 시나 군 단위로 행해졌던 쥐 잡기 운동을 1970년 1월 26일 6시를 기해 '전국 쥐잡기 운동'으로 확대실시합니다.

당시 정부가 추산한 우리나라의 쥐는 약 9천만 마리였다고 합니다. 쥐가 먹는 식량은 약 240만 섬, 240억 원어치로 한해 곡물 총생산량의 8%에 이르렀으며 이는 당시 전주시민이 1년간 먹을 수 있는 양이었다고 합니다. 이 날의 행사를 위해 정부는 전국 540만 가구에

쥐 잡기 운동과 IMF 그리고 버려졌던 고양이들

20g씩 쥐약을 공짜로 나누어 주었으며 소요한 예산만 1억4천만 원에 달했습니다.

[사진 60] 쥐 잡기 운동 포스터 출처–국립민속박물관

이후 전국 일제 쥐 잡기 운동은 일반 가정뿐만 아니라 공공건물, 정부창고, 병영 등에까지 확대 하였으며 잡은 쥐의 꼬리를 학교나 관공서로 가져오면 쥐꼬리 하나당 연필 한 자루씩 바꾸어 주거나 복금 당첨권을 주기도 하는 등 1970년대를 넘어 1980년대까지도 1년에 2번 연중행사로 대대적인 쥐 잡기 운동을 벌였습니다.

정부는 1차 41,541,149마리, 2차 쥐잡기에서는 32,000,000마리의 쥐가 잡혔으며 1972년에는 47,286,027마리 쥐를 잡아 목표대비

91.4%의 실적을 올렸고 1,198,569석의 양곡 손실을 방지했다고 발표했지만 이와 같은 쥐약 보급을 통해 쥐 잡기 운동은 시간이 갈수록 효과도 미미하고 취급의 부주의로 가축과 인명 사고가 발생하는 등 부작용이 발생하기도 하였습니다.[107]

고양이로 쥐를 잡자.
쥐를 없애려고 정부에서도 막대한 예산을 들여 구서운동을 펴고 있으나 그 성과는 미미한 것이 실정이다. 그러므로 종전의 약물퇴치방법을 양묘퇴치방법으로 바꿔보는 것이 어떨지. 고양이는 하루 쥐 3마리 이상을 잡지 않고는 작성이 풀리지 않는 동물이니까요.
고양이를 국내에서 대량 수집할 수 없다면 수입을 해서라도 부락 단위로 고양이 마을을 설정해서 3호 1마리씩 분배, 양육시키고 고양이 마을에는 쥐약을 일체 사용치 못하게 하여 고양이의 쥐약 중독사를 방지하고 등록제를 실시해서 한 마리의 고양이도 양육자가 임의로 처분 못하게 해서 거기서 번식되는 고양이로 고양이 마을을 점점 늘려감으로써 전국이 고양이 마을이 된다면 쥐는 전멸될 것이고 쥐약으로 인한 인축의 사고까지 방지되는 일석이조의 효과를 볼 것입니다. 고양이가 먹는 식량을 문제 삼을지 모르겠으나 3인 이상의 1가구라면 고양이 1마리 분의 식량쯤은 별도 가산하지 않아도 충분할 것입니다. 만일 1백 가구가 거주하는 마을에 고양이 30마리만 있다면 그 마을에는 쥐1마리 보기 힘들 것입니다.
  　　　　　　　　　　　　　　　－『동아일보』1976년 1월 9일－

　그러자 그 대안으로 '고양이를 길러' 쥐를 퇴치하자는 움직임이 생겨납니다. 따라서 고양이를 기르기를 권장해 마을 2백여 가구에 모두

---

[107] 국가기록원.「간첩을 색출하듯 쥐를 잡자!-쥐 잡기 운동」

고양이를 보급한 공무원에게 훈장을 수여했다든가[108] 섬에서 고양이를 길러 쥐로부터 양식을 지키고 새끼 고양이를 다른 곳에 팔아 이를 밑천 삼아 섬의 경제를 살린 일화가 미담으로 소개되기도 하고[109] 정부에 고양이 보호 정책을 제안하기도 하였습니다.[110]

이렇듯 쥐잡기 운동과 함께 고양이에게 우호적인 분위기가 형성되면서 1987년에 전국 20세 이상 성인남녀 1천명을 대상으로 한 조사에서 열 집 중 한 가정에서 고양이를 기르는 것으로 조사되기도 하였습니다.[111]

그러나 쥐잡기 운동이 끝나고 올림픽이 지나자 개와 고양이가 대량 유기되기 시작합니다. 이에 서울 시내에 유기견과 유기묘가 활보하기 시작하자 서울시는 1991년 '동물 보호 및 처리와 관련 유기동물 보호에 관한 조례'를 만들기도 하였고, 정부는 '동물보호법'을 제정하였습니다.

버려진 애완동물 환경 피해 줄 수도
...(상략)...애완동물은 어릴 때 예쁘고 귀엽지만 늙으면 추하게 변한다. 자칫 관리를 소홀히 하면 집을 나가 들개와 야생고양이로 바뀌어 번식한다. 버리다시피 한 이들 애완동물은 도로에 뛰어들어 교통사고의 요인이 되기도 하고 먹이를 찾기 위해 쓰레기봉투 등을 찢어 환경을 해치기도 한다. 발정기의 고양이는 심야에 괴상한 소리를 질러 많은 이들을 불

---
[108] 동아일보.1973년 8월 28일 상록수 공무원 넷 표창, 박대통령이 훈장 수여...(상략)...(전남 완도군 금일면 지방수산기원) 신상운씨=고양이 기르기를 권장해 마을 2백여가구가 모두 길러 쥐로부터의 식량 피해를 막고 새끼고양이 450마리를 팔아 450만원의 소득을 얻게 하고...(하략)...
[109] 동아일보. 1974년 1월 26일 「띠섬 전기불 켠 고양이 사육」
[110] 동아일보.1980년 1월 24일「농번기 쥐 잡기 운동 농한기로 바꿨으면」농번기 쥐 잡기 운동 농한기로 바꿨으면...(상략)...한편 당국에서 고양이 보호운동을 전개해 번식시키는 것도 쥐소탕에 큰 도움이 될 것이다.
[111] 동아일보. 1987년 3월 14일 「개 기르는 가정 5집에 1집꼴」

쾌하게 만든다. 야생고양이는 건물지하 창고 보일러실 도심의 산속에서 서식하며 음식물 찌꺼기 다람쥐 조류새끼 산란 중인 조류 등을 잡아먹는다. 고양이를 도태시킬 다른 동물들이 거의 없어 강화도 마니산 정상에까지 분포 서식할 정도로 고양이가 늘어만 간다. 애완동물 애호자와 관계 당국의 대책이 요구된다.

-『동아일보』1996년 4월 9일-

이틀 후 같은 신문의「애정이 없으면 애당초 기르지 말아야」제목의 기사에서 '환경을 어지럽히는 야생 고양이의 문제가 제기된 것은 어제 오늘 일이 아니다.'라고 말하고 있는데 이전부터 길고양이를 둘러싸고 갈등이 일어나고 있었음을 알 수 있습니다.

쥐를 잡는 역할로 사랑을 받았던 짧은 시기가 지나자 고양이는 이렇듯 사람과 자연의 피해를 주는 존재로 그려지기 시작합니다. 북한산과 남산 등지에서 떼 지어 출몰하는 고양이, 아파트 단지에 나타나 음식물쓰레기를 헤집는 고양이, 아기 울음소리와 비슷한 발정소리를 내는 고양이, 오늘날 거론되는 길고양이와의 갈등문제가 바로 이 시기부터 거론된 것이지요. 그리고 '고양이를 소탕'해 달라는 민원이 늘어나자 급기야 서울시는 길고양이와 '전쟁'을 선포하기에 이릅니다.[112] 그러나 이러한 문제를 해결하기도 전에 다시 한번 대규모의 유기사태가 발생합니다.

서울 송파구 가락동에 사는 주부 한모씨(39)네 강아지 재롱이가 집을 나간 지 1주일째다. 아이들에겐 재롱이가 집을 나갔다고 얘기했지만 실은

---

[112] 경향신문. 1997년 9월 26일「남산 고양이 숲속의 무법자」

남편의 회사 사정이 아무래도 심상치 않아 일부러 대문을 열어두었다. "며칠 전부터 먹는 게 시원찮고 아픈 것 같더라고요. 병원에 가면 10만~20만원은 쉽게 깨지기 때문에…" 생활이 어려워지자 버려지는 개와 고양이도 부쩍 늘었다. 서울 각 구청 지역경제과의 유기동물 담당자들은 동네에 길 잃은 개가 돌아다닌다는 신고전화를 하루에도 수십 통씩 받는다. 송파구청 유기동물 담당 안용상씨는 "키우던 개를 자기 집 개가 아니라고 신고해 데려가라는 사람도 있다."고 메마른 인심을 전했다. 반면 버려진 개와 고양이의 입양을 주선해주는 한국동물구조협회에는 사람들의 발길을 뚝 끊겼다.

— 『동아일보』 1998년 1월 14일 —

'남편의 회사 사정이 아무래도 심상치 않아'라는 대목에서 우리는 그 일을 짐작해 볼 수 있습니다. 1997년 12월 3일. 당시 한국은 기업이 연쇄적으로 도산하면서 외환보유액이 급감했고 국가부도위기에 처하자 IMF에 긴급 융자를 요청하기에 이르렀습니다. 이후 195억 달러의 구제 금융을 받아 간신히 국가부도 사태는 면했지만 이 과정에서 대량 해고와 경기 악화로 많은 회사들의 부도 및 경영 위기가 찾아옴에 따라 온 국민이 큰 어려움을 겪게 됩니다. 바로 이와 같은 사회적 배경 아래 동물을 유기하는 사태가 심각한 수준으로 발생하게 됩니다.

그러나 언론은 본질적인 문제 대신 "2~3년 전에도 남산 북한산 주변에서나 볼 수 있던 야생고양이들이 이젠 온 서울에 퍼졌다."며 '소름 끼치는 무법자' '야생고양이 공포' '들고양이의 역습'이라는 자극적인 제목으로 길고양이를 퇴치의 대상으로 보도합니다.

당시의 보도를 보면 국립공원의 야생동물을 마음껏 포식하고, 포악한 모습으로 음식물쓰레기 통을 뒤지는 길고양이의 '횡포'가 날 것 그대로 묘사되고 있지요. 더욱이 국민PC 사업 등으로 이제 막 활성화되기 시작한 지자체와 정부의 인터넷 민원 게시판에는 '도둑고양이'로 인한 피해를 호소하는 시민들은 민원 글을 올립니다.[113]

이렇듯 민원이 제기되자 정부도 이제 고양이들에 대해 무언가 손을 쓰지 않을 수가 없는 상황이 되었습니다.

이에 정부는 이미 산림청 고시 제1994-9호(1994년 6월11일)를 통해 "야생조수 및 그 알·새끼·집에 피해를 주는 들고양이"를 지자체장의 권한으로 포획할 수 있도록 하였습니다. 곧 국립공원관리공단이나 서울시에서는 북한산과 같은 국립공원에서 서식하는 야생화 된 고양이를 덫이나 엽총 등을 사용하여 포획하기도 하였습니다. 이후 환경부는 기존 해결 방식에 대한 동물보호단체의 문제제기에 대응하고 체계적인 고양이 관리를 위해『들고양이 서식실태 및 관리방안 연구』를 바탕으로 2001년 10월, 『들고양이 구제 및 관리지침서』를 발간 이때 고양이를 생활 형태와 소유주 관계를 고려하여 그 종류를 '집고양이', '배회고양이', '들고양이'로 나누었습니다. 즉 이전까지 구분하지 않았던 고양이는 관리를 위해 고양이의 범위를 나누었던 것입니다.

이 중 '들고양이'는 유해야생조수로서 구제(驅除)의 대상이 되어 포획, 안락사되었다가 2004년 '조수 보호 및 수렵에 관한 법률'이 '야생동·식물보호법'으로 바뀌고 그 다음해인 2005년 본격 시행됨에 따라 유해 야생동물이 아닌 '지정 관리 동물'로 변하게 되었고, 2007년

---

[113] 이종찬. 위의 글 p32

에는 '야생화된 동물'로 지정되었습니다.

  이에 따라 현재 산과 들에 나타나는 야생화 된 고양이는 언제든 필요할 경우 조정될 수 있는 존재로서 환경부 예규 제562호 「들고양이 포획 및 관리지침」에 따르면 생포용 덫을 놓거나 총기로 포획할 수 있고 생포된 개체는 ① 안락사되거나 ② 학술연구용으로 제공되며 ③ 반대 민원의 제기가 있거나 일부 기존 개체군을 유지 시켜 다른 들고양이들의 자연유입을 막을 필요가 있다고 판단될 때 불임수술과 재방사 방법은 제한적으로 활용될 수 있다고 규정하고 있습니다.

  이에 반해 '배회고양이'는 구체적 처리 지침을 부여받은 들고양이와 달리 오랜 시간동안 구체적인 구제 방안 없이 분류 밖 존재로 취급되어 다루어졌습니다.

  '배회고양이'는 영어의 'Stray cat'를 직역한 표현으로 2002년~2003년부터 '길에서 사는 고양이'라는 의미의 길고양이란 용어가 생겨나기 시작했습니다. 도시와 주거지에서 마주치는 고양이들은 '야생'고양이나 '들'고양이라고 부르기엔 어색함이 있고 일상적으로 마주치는 장소가 골목길과 같은 곳이었기 때문에 자연스럽게 길고양이라는 용어가 정착한 것으로 보입니다. 그리고 이 '길고양이'는 농림축산식품부 고시 제2016-17호(2016년 3월 4일 시행) 「고양이 중성화 사업 실시 요령」 3조에 따라 "도심지나 주택가에서 자연적으로 번식하여 스스로 살아가는 고양이"로 정의되는 공식 명칭이 되었습니다.

  또한 2013년 개정 전 『동물보호법』에서는 길고양이를 따로 관리하지 않고 유기동물의 하나로 포획 후 보호조치와 7일간의 공고를 거쳐

안락사하는 경우가 많았으나 개정 후 농림수산식품부령으로 구조·보호조치의 대상에서 제외하여 유기동물이 아닌 TNR의 대상으로 규정하게 되었습니다.

이를 통해 그동안 제도상으로 사각지대에 있었던 길고양이는 명시적으로 TNR의 대상이 되었고 우리와 공존할 수 있는 최소한의 자격을 획득하게 되었지요.[114]

뿐만 아니라 2013년 서울 강동구에서는 최초로 '길고양이 급식소 사업'을 시행한 이후 정부 정책의 하나로서 전국적으로 확대되고 있으며, 2018년부터는 관악구에서 길고양이를 위한 화장실 사업을 시작했습니다.

현재 반려묘 인구가 약 120만 가구(2018년 기준)에 달하는 등 고양이에 대한 인식이 긍정적으로 변화되고 있으나 고양이를 사랑하는 애묘인과 혐오하는 주민들 사이의 갈등, 길고양이에 대한 학대, 소음과 쓰레기 문제 등 길고양이로 인해 생기는 문제 등 길고양이를 두고 벌어지는 갈등 역시 여전히 심각한 상황입니다.

이러한 문제를 해결하고 도시 생태계의 일원으로 살아가는 고양이와의 행복한 공존을 위해 현재는 정부와 지방 자치 단체 그리고 많은 시민들이 함께 노력을 기울이고 있습니다.

---

[114] 이종찬. 위의 글 p40~83

길고양이와의 공존을 위한 선택, TNR과 길고양이 급식소

TNR은 길고양이를 포획(Trap) 후 중성화수술(Neuter)을 하여 포획장소에 재방사(Return)하는 길고양이 개체 수 관리 방법입니다.

1950년 살처분을 대신한 방법으로 영국에서 처음으로 도입되었으며, 그동안 길고양이를 인도적이면서도 효과적으로 관리하고자 하는 정부나 단체가 취할 수 있는 대안적 방법으로 선택되어 왔습니다.

잦은 임신에 따른 질병 및 부상 예방, 임신중단으로 인한 개체 수 조절, 짝짓기를 할 때 내는 울음방지, 사회적 갈등 요소 등을 줄일 수 있는 긍정적인 결과를 산출하고 있으며 우리나라에서는 2001년 강원도 동해, 전남 광양시 등이 시범 실시한 이래로, 제주도와 과천시에서 소규모로 진행되다가 2008년부터 서울에서 본격 시행하였고, 농림축산식품부 고시 제2016-17호 「고양이 중성화사업실시 요령」에 따라 많은 지방자치단체에서 실시하고 있습니다.

[사진 61] TNR이란 출처-공익재단 동물기금

한편 길고양이로 인해 생긴 문제 중 하나가 쓰레기봉투를 뜯는다는 민원이었습니다. 이는 열악한 생태 환경으로 인한 굶주림 때문에 벌어지는 일로 2013년 만화가 강풀 작가의 아이디어를 바탕으로 서울 강동구에서 처음 길고양이 급식소를 설치한 이후로 많은 지방자치단체에서 공존을 위한 방안 중의 하나로 급식소를 설치하고 있습니다. 또한 2017년 국회에서도 현재 동물보호법 제3조 2호 "누구든지 동물을 사육·관리 또는 보호할 때에는 동물이 갈증 및 굶주림을 겪거나 영양이 결핍되지 아니하도록 할 것"이라는 규정을 근거로 길고양이 쉼터 겸 급식소가 설치하기도 하였습니다.

더불어 길고양이 급식소를 중심으로 길고양이들의 군집이 형성되기 때문에 보다 효과적으로 TNR을 실시할 수 있다는 장점이 있어 서울특별시에서는 TNR의 단계로 '먹이주기'를 규정하고 있습니다.

[사진 62] 전주시에서 운영하는 길양이 급식소 풍경

무릎 아래 작은 이웃 길고양이 함께 살아요. 살고 있어요.

무릎 아래 작은 이웃 길고양이 함께 살아요. 살고 있어요.

— 마치는 말을 대신하며

"왜 우리나라 고양이는 다른 나라 고양이들과는 다르게 사람들을 두려워할까요?"

『우리나라 역사 속 고양이』는 그 질문에 대한 답을 찾기 위한 여정이었습니다.

생각해 보면 할아버지로부터 들어온 고양이에 대한 부정적 선입견으로부터 자유롭지 못했고, 몇 년 전 우연히 찾아온 고양이에게 밥을 챙겨주기 전까지 제게도 고양이는 '해코지를 하는 영물'이고 '괴상한 울음'을 내며 '어둠 속에서 활동하는' 요망한 짐승이었습니다. 그리고 지금도 많은 사람들에게 고양이는 그러한 존재일 겁니다.

우리나라 역사 속 고양이 이야기

언젠가 저는 "고양이는 당신에게 어떤 존재입니까?"라는 질문을 받은 적이 있습니다. 그때 저는 망설임 없이 "채권자"라고 대답했습니다. 이제 막 잉여 생산물을 저장하기 시작한 인류에게 있어서 그 보존은 앞으로의 운명을 결정지을 매우 중요한 문제였을 겁니다. 그런 중차대한 역사의 기로에서 홀연히 나타나 침입자로부터 우리의 소중한 양식을 지켜주었던 고양이. 그러니 인간은 고양이에게 일종의 큰 빚을 진 셈이지요.

우리나라도 크게 다르지 않았습니다.
우리나라에 언제 고양이가 등장했는지는 사실 명확하지 않습니다. 의주 미송리, 김해 동상동, 서포항 신석기 유적 등 몇몇 신석기 유적지에서 고양잇과 고양이속에 해당하는 동물 뼈가 발견되는 것을 보면 일찍부터 우리와의 공존이 이루어졌을 것으로 보이지만 고양이가 본격적으로 우리의 역사에 들어온 시기는 '삼국시대'입니다. 조선 시대 많은 학자들의 기록에 따르면 4세기경 '불교'가 유입될 때 귀한 '경전'을 쥐로부터 지키기 위해 고양이를 들여왔을 것으로 추측하고 있습니다. 물론 몇몇 역사서와 중국과의 교류사를 미루어 볼 때 그보다 더 이른 시기 고양이가 들어왔을 것으로 보는 견해들도 있습니다.

그럼에도 불교가 고양이 유입에 큰 영향을 끼쳤다는 것에는 큰 이견이 없는 상황입니다. '쥐를 잡아 주고' '경전을 지키는' 분명한 필요에 의해 그렇게 우리와 공존하게 된 것이지요. 그러나 15세기까지 '사람과 가장 친한 동물'이자 '집집마다 보호하고 길렀던' 고양이는 조선 시대 말기에 이르면 '음흉'하고 '독살'스러운 동물로서 결코 가까이 해서는 안 되는 동물이 되어 버립니다.

도대체 그 세월 동안 무슨 일이 일어났던 것일까요?

실록에 '고양이가 불당에서 논다.'라는 말이 기록되어 있을 정도로 불교와 밀접한 관련을 가졌을 뿐만 아니라 자유분방한 성격을 가진 고양이는 성리학이 완전히 자리 잡게 되는 16세기에 이르면 이기적이며 질서를 어지럽히는 존재로 여겨집니다. 또한 음성(陰性)의 동물로서 고양이는 '죽음' '재앙'등을 몰고 오는 기피의 대상으로 여겨지게 되지요. 덧붙여 주술이나 공포와 연관된 설화에 고양이가 등장하기 시작한 것도 바로 이 시기입니다.

이후부터는 악순환의 반복이었습니다.
'어둠의 동물'로 '부엌에서 고깃덩이를 훔치거나, 닭을 잡아먹고' '괴상한 소리를 내고' '아무데나 구토나 배설'을 해놓는다는 조선 후기의 글 속 고양이에 대한 인식은 오늘날 신문지상에 등장하는 그것과 다르지 않음을 알 수 있지요.

수백 년 동안 핍박의 대상이 되었기에 굶주려야 했고, 굶주린 고양이는 사람들의 음식을 훔쳐 먹고 그러면 더 구박당하는 신세가 되어야 했습니다. 점점 사람들과 고양이의 사이는 벌어졌을 것이고 그렇게 사람들을 피해야만 살아남을 수 있었던 고양이들은 그 아들과 딸에게 다시 그 아들과 딸에게 자신의 슬픈 본능을 이어주었을 것입니다. 그리고 이 안타까운 악순환은 오늘날까지 영향을 미치고 있습니다.

사실 고양이의 수난은 비단 우리나라에서만 있었던 일은 아닙니다. 13세기 중세 유럽에서는 교황 그레고리우스 9세에 의해 발표된 '라마교서(Vox in Rama)'(1233)를 통해 고양이가 공식적으로 사탄으로 규정됩니다. 이후 수백 년 동안 고양이는 사탄을 상징하는 동물로 악마로 규정되어 학살과 탄압을 받았습니다. 심지어 화형까지 당하는 일도 빈번하게 일어났습니다. 그러나 18세기 "동물의 학대가 사람의 학대로 이어진다."는 주장을 펼쳤던 계몽주의의 확산 그리고 평등과 박애를 중시했던 프랑스 혁명을 계기로 고양이는 사탄의 이미지에서 조금씩 벗어날 수 있었고, 19세기 중반에 이르러서야 '시'와 '예술'의 소재가 되며 다시 사람들 곁으로 돌아옵니다.

현재 우리나라에서 반려묘의 수는 약 250여만 마리에 달하며 길고양이는 약 100만 마리에 이르는 것으로 추정되고 있습니다. 그럼에도 매년 평균 3만 마리의 고양이가 버려지고 있으며 수천 마리가 학대로 죽어가고 있지요. 국제 동물보호단체 포포스(Four Paws)에 의하면 동물 학대자 10명 중 3명이 사람을 상대로 한 범죄를 저질렀다고 합니다.[115] 그러니 고양이가 안전하지 못한 세상은 우리 역시 그 안전을 담보하지 못하는 것이지요.

무릎 아래 작은 이웃,
함께 살기를 소망하며 함께 살아가고 있는,
길에서 태어나 길에서 죽는 고양이들.

그들의 평균 수명은 고작 2~3년이라고 합니다. 보살핌을 받는 반려 고양이들의 평균 수명이 15년임을 감안한다면 길거리의 환경이 얼마나 열악한지 짐작해 볼 수 있을 것입니다.

언제쯤 우리에게 고양이는 가장 친근하고

---

[115] 뉴스1 2018.02.20. 「총기살인·토막살인 엽기 범죄자들…모두 '동물학대' 경험자들」

누구나 보호하고 아꼈던 그 시절의 동물로 돌아올 수 있을까요?

많은 사람들의 따뜻한 관심과 행복 공존을 위한 치열한 노력이 모이고 보태진다면 좀 더 빨리 그런 세상이 우리에게 다가오겠지요. 그날이 하루빨리 오기를 간절히 바라며 이 글을 기획하고 무사히 마칠 수 있도록 끝까지 격려해 주고 도움을 준 내 사랑 Rara와 가족들, 이랑 허지현님 그리고 '이르마 민들레'의 최성욱 대표님, 친구 '김시현' 피아리스 대표, 친구 김진영, 편집 디자이너 '은지'님 해피나비프렌즈 이하 도움 주신 많은 분들에게 진심으로 감사하다는 말을 전합니다.

우리나라 역사속 고양이 이야기

1. 고서 및 저서

『삼국사기』, 『삼국유사』, 『신라사초』, 『신라사초』, 『고구려사초·략』, 『고려사』, 『고려사절요』,
『조선왕조실록』, 『승정원일기』, 『일성록』, 『열성어제』, 『통감부문서』, 『중추원조사자료』, 『신편 한국사』,
『표준국어대사전』, 『한국민족문화대백과사전』, 『파스칼세계대백과사전』, 『동국이상국집』, 『목은집』,
『향약집성방』, 『구급방언해』, 『양촌선생문집』, 『백담집』, 『선택요략』, 『무명자집』, 『사가집』, 『동문선』,
『필원잡기』, 『청파집』, 『허백당집』, 『의림촬요』, 『동의보감』, 『훈몽자회』, 『서계집』, 『송암집』, 『백담집』,
『간재집』, 『해동역사』, 『연려실기술』, 『두타초』, 『동포집』, 『성호사설』, 『연뢰유고』, 『이재유고』, 『지봉유설』,
『무민당집』, 『어우야담』, 『다산시문집』, 『유하집』, 『열하일기』, 『송남잡지』, 『물명고』, 『송경광고』,
『오주연문장전산고』, 『임하필기』, 『하재일기』, 『대방등대집경(大方等大集經)』, 『시경』, 『예기』, 『상서』,
『논형』, 『후한서』, 『삼국지』, 『구당서』, 『신당서』, 『송사』, 『유양잡조』, 『책부원귀』, 『고금담개』, 『심경부주』,
『본초강목』, 『표이록』, 『묘원(猫苑)』, 『묘승(猫乘)』, 『고금사문류취』, 『관평어기』, 『입당구법순례행기』,
S. 베리만 『한국의 야생동물지』. 1999
이찬욱 『한국(韓國)의 띠 문화』. 1999
신동원, 『호열자, 조선을 습격하다』. 2004
유몽인, 이형대 역 『어우야담(於于野譚)』. 2006
강민구 역, 교감국역 『송남잡지』 12권. 2008,
풍국초, 이원길 역, 『중국상하오천년사』. 2008
이옥 저 심경호 역, 『선생, 세상의 그물을 조심하시오.』. 2009
엄소연, 『기의분류로 본 한국의 동물상징』. 2014
김흥식 (엮음), 정종우(해설) 『조선동물기』.2014
다르유시 아크바르자데, 이희수 역 『쿠쉬나메』. 2014
진중권, 『고로 나는 존재하는 고양이』. 2017
노진희, 『나는 행복한 고양이 집사』. 2018
가토 요시코 『고양이 탐구생활』 2018

2. 논문 및 외국 서적

김신규, 『문화유산』,『미송리 동굴의 동물유골에 대하여』,1961
홍윤표. 『새국어소식』『살쾡이와 고양이의 어원』, 통권 제87호. 2005
손찬식, 『인문학연구 35권1호』, 『한국한문학(韓國漢文學)에 표상(表象)된 고양이의 성격(性格)』
       2008
이충민, 『우리나라 신석기시대 포유동물상 연구』. 2011
오윤선, 『한국설화 영역본(英譯本)의 현황과 특징 일고찰
       – 〈견묘쟁주설화(犬猫爭珠說話)〉를 중심으로』. 2011
송영숙. 『일본의 십이지(十二支) 유래 설화』, 『일본문화학보』. 2012.
이근열(부산대) 『우리말연구 35집』, 『부산 방언의 어원 연구(1)』. 2013.

송아팡, 「'고양이'나 '쥐'가 포함되어 있는 한중(韓中) 속담 비교 연구」, 2015
이종찬, 「행위자-연결망 이론을 통해 본 길고양이 중성화 사업(TNR)과 공존의 정치」, 2016.
김경, 「민족문화연구 76권」, 「說에서의 '고양이(猫)' 작품양상과 주제구현 방식」, 2017
김경, 「朝鮮後期 類書에서의 '고양이' 기록과 그 의미」, 2018

3. 신문 및 잡지

동아일보, 1970,01,26 「쥐잡기 운동」
동아일보 1974년 1월 26일 「띠섬 전기 불 켠 고양이 사육」
동아일보, 1976년 1월 9일 「고양이로 쥐를 잡자」
동아일보, 1987년 3월 14일 「개 기르는 가정 5집에 1집 꼴」
동아일보, 1996년 4월 9일 「버려진 애완동물 환경 피해 줄 수도」
중앙일보, 1996.12.18. 〈중국한자〉猫-고양이 묘
경향신문, 1997년 9월 26일 「남산 고양이 숲속의 무법자」
동아일보, 1998년 1월 14일 「생활이 빡빡 개 버리는 집 많다.」
경향신문, 1999년 9월 16일 「야생 고양이 공포.」
국민일보, 2011.06.12. 「1200년 전 통일신라 우물의 비밀」
곽노필, 미래의 창, 2013.12.22 「고양이는 언제부터 인간의 친구가 됐을까」
주간동아, 2014.12.15. 「입에 착착 제철 참꼬막 말이 필요 없소」
CBS노컷뉴스, 2015.05.22 「고양이탕 수요가 이렇게 많을 줄이야.」
통일뉴스,2015.12.16.「심규섭의 아름다운 우리 그림 이야기-개와 고양이 그림」
머니투데이,2016.01.15.「동의보감에 나온 고양이, 뼈에 아무런 효과 없습니다.」
고양이뉴스, 2016.12.10. 「일본 고양이의 꼬리가 짧아진 사연 - 고양이 인문학 : 묘묘한 이야기」
The Science Times 2017.06.20. 「고양이를 사랑했던 이집트인들」
저이누리 2016.11.10. 「고양이와 태자를 바꿨다? 송 인종의 비사」
고양이뉴스,2017.03.11.「고양이 귀신을 씌워 사람을 죽이는 주술-고양이 인문학:묘묘한이야기」
동아비즈N2017.06.21.「"살쾡이가 사람 선택해 고양이 됐다."DNA연구」
조선일보,2017.06.22.「고양이, 인류 동반자 되기까지 두 번에 걸친 大이주있었다.」
한겨레21,제1189호(2017.11.30.)「그 많던 '욕지도 고양이'는 어디로 갔을까」
뉴스1 2018.02.20.「총기살인ㆍ토막살인 엽기범죄자들…모두'동물학대'경험자들」
경향신문, 2018.08.23. 「[이기환의 흔적의 역사]단식으로 충정을 표했던 고양이,
        숙종의 퍼스트캣 '김손'」
한국일보 2018.10.26. 「고양이 오줌은 쥐의 행동을 제어한다.」
한국일보, 2018.11.12. 「이집트 고대무덤서 고양이 미라 다수 발굴」
「Templestay」2017 가을호 '고양이가 아니라 사자, 사자가 아니라 삽살개'

4. 인터넷 사이트
네이버 캐스트, 위키백과, 나무위키, 국립중앙박물관, 국립문화재연구소, 국립중앙도서관, 국회도서관, 한국문화재재단, 한국사데이터베이스, 한국고전종합DB, 국가기록원, 한국향토문화전자대전, 우리역사넷, 문화콘텐츠닷컴, 한국역사연구회, 한국전통지식포탈, 국가문화유산포털, 고려대학교 해외한국학자료센터, 한의학고전DB, 익산구술사아카이브, 한국영화데이터베이스, ZUM 학습백과 猫ジャーナル(https://nekojournal.net)_猫の日本史
巴士的報(bastille post) 2015.12.16.「古代中國貓貓事件簿」
中國 百度百科-科學百科「狸」
中國哲學書電子化計劃(https://ctext.org)
換換換(http://www.guoxue.co.kr)
하노이 한인회(homepy.korean.net)

우리나라 역사 속 고양이 이야기

발 행 | 2020년 11월 30일
저 자 | 윤여태
기 획 | 전주 해피나비
펴낸이 | 김시현
펴낸곳 | 피아리스
출판사등록 | 2017.03.28.(제407-06-26921호)
주 소 | 전북 전주시 완산구 관선1길 87
이메일 | piaris12@naver.com

ISBN | 979-11-910792-1-4
ⓒ 윤여태 2020
본 책은 저작자의 지적 재산으로서 무단 전재와 복제를 금합니다.